RODULFO GONZALEZ

La Barbarie represiva de la Narcodictadura de Nicolás Maduro

Tomo II

First published by Aussie Trading, LLC 2023

First edition

Editing by Katiusca Strocchia
Cover art by Valeria Magallanes
Agent: Juan Rodulfo

This book was professionally typeset on Reedsy.
Find out more at reedsy.com

Contents

Preface

La narcodictadura de Nicolás Maduro ha puesto en ejecución nuevas formas de represión, entre ellas: Miembros de colectivos armados junto a militares reprimiendo a los manifestantes, ataques contra vehículos particulares y edificios residenciales, torturas, asesinados con disparos en la cabeza.

Las mismas imágenes que se repiten en distintas ciudades del país, en el marco de las protestas contra el Gobierno de Nicolás Maduro.

"No recuerdo un cuadro de acompañamiento tan sistemático entre grupos paramilitares en combinación con efectivos de la Fuerza Armada y cuerpos de seguridad del Estado", señala Rocío San Miguel, presidenta de Control Ciudadano.

Un informe emanado de la Asociación Civil Fuerza, Unión, Justicia, Solidaridad y Paz, Organización No Gubernamental de Barquisimeto, Estado Lara, calificó 2014 como el año de la represión como política de Estado en Venezuela.

-El asedio –se lee en el informe- a urbanizaciones y conjunto residenciales por parte de funcionarios de la Guardia Nacional Bolivariana La utilización de tanquetas blancas modelo VN4 4×4 fabricados en China del componente de las FANB, Guardia Nacional Bolivariana, contra, portones, muros, así como el disparo de perdigones contra residencias, que poco o nada han tenido que ver con alteración al orden público.

El lunes 1 de julio de 2019, un efectivo de la Policía del Estado Táchira disparó sobre el rostro del estudiante Rufo Chacen Paradas 52 perdigones, de los cuales ocho ingresaron al globo ocular derecho y cuatro en el izquierdo, lo que le hizo perder la visión.

Sobre ese criminal hecho, que conmovió a todo el universo, escribió para el portal El Pitazo Mariana Duque que la víctima, la tarde de ese siniestro día, se encontraba en una manifestación por gas doméstico en la autopista San Cristóbal-La Fría.

La Fuerza de Acciones Especiales, elogiada por el narcodictador Nicolás Maduro y cuya disolución recomendó la Alta Comisionada para los Derechos Humanos de la ONU, Michelle Bachelet, se ha convertido en una fábrica de ejecuciones extrajudiciales en las zonas populares, según se evidencia en el reportaje publicado por las periodistas Gabriela Rojas y Zulvyn Díaz, de TalCual, el 4 de julio de 2019.

Cabe recordar que, al mejor estilo nazista, Maduro calificó estas razias criminales de limpieza social.

En Margarita comenzó la protesta estudiantil

Si en la lucha independentista iniciada en Caracas el 19 de abril de 1810, que tuvo como efecto inmediato la renuncia del capitán general de Venezuela del yugo colonial español, Vicente Emparan, Margarita estuvo entre las primeras provincias que se adhirieron a ese evento histórico, en la lucha para enfrentarse a la guerra declarada contra el pueblo de Venezuela por el ilegitimo presidente de la República Nicolás Maduro, esta porción geográfica del país fue la primera en iniciar la protesta contra el régimen que a partir del 12 de febrero de 2014, Día de la Juventud, se extendería a todo el territorio nacional, con mayor intensidad en San Cristóbal y otras poblaciones del Estado Táchira y la Gran Caracas.

El 2 de ese mes Julio Jiménez Ortega, David Gerardo Corzo Ramos, Simón José Rodríguez Marcano, Nelson Enrique Hernández Quijada, Carlos Joaquín Carrera Hernández, Jackson José González Valero y Giuseppe Di Fabio, se dirigieron en forma pacífica al hotel VENETUR, antiguo Hilton, para protestar la presencia del equipo cubano de beisbol en la Serie del Caribe.

La manifestación fue violentamente reprimida por efectivos de la Guardia Nacional y con inusitada rapidez el Tribunal de Control N° 2 de la Circunscripción Nueva Esparta dictó auto de detención contra los pacíficos manifestantes y al ser aprehendidos ordenó su reclusión en Puente Ayala, cárcel de alta peligrosidad. situada en Puerto La Cruz, Estado Anzoátegui.

Serían liberados 22 días después.

El 23 del referido mes la periodista Ana Carolina Arias, en un reportaje especial para el diario El Universal titulado "Liberaron a manifestantes de la Serie del Caribe", escribió:

Porlamar- Este sábado fueron liberados los siete ciudadanos detenidos en la isla de Margarita por protestar el pasado 2 de febrero.

Desde tempranas horas de la mañana la información trascendió por las redes sociales. Se anunció que a las 2 de la tarde los detenidos arribarían por la Marina del hotel VENETUR en el sector Costa Azul, pero finalmente la liberación se dio a las 5 de la tarde en el muelle de El Faro de Porlamar donde se encuentra la Vigilancia Costera.

Julio Jiménez Ortega, David Gerardo Corzo Ramos, Simón José Rodríguez Marcano, Nelson Enrique Hernández Quijada, Carlos Joaquín Carrera Hernández, Jackson José González Valero y Giuseppe Di Pablo, fueron los beneficiados por la medida judicial.

Los detenidos lograron libertad bajo régimen de presentación y prohibición de estar en manifestaciones públicas o dar declaraciones. El Gobernador del

Estado, Carlos Mata Figueroa, junto a funcionarios de la Guardia Nacional y familiares de los detenidos recibieron directamente a los ciudadanos.

Diómedes Potentini, abogado defensor, informó que el Tribunal de Control N° 2 de la Circunscripción de Nueva Esparta, revisó la medida presentada por la defensa quienes planteaban algunas incongruencias e inconsistencias en los delitos que se imputaban.

"En honor a la verdad y la justicia logramos que se revocara la medida, obteniendo la liberación de los siete ciudadanos bajo régimen de presentación cada 80 días, prohibición de ir a concentraciones y a expresarse a través de los medios de comunicación social".

"Creíamos en el estado de derecho porque somos venezolanos y siempre tuvimos argumentos jurídicos válidos para demostrarle al poder judicial que nuestros representados eran y son inocentes", agregó Potentini.

Ratificó que hubo violación a los derechos humanos, "los familiares constataron que estuvieron sin luz ni agua, y la alimentación fue muy precaria, pero la misma presión de ellos y la defensa hizo que sus condiciones fueran mejorando".

La Guardia Nacional fue la encargada de hacer el traslado hacia la isla de Margarita, y llevó a cada uno de los detenidos a su hogar.

Elsa Ortega, madre de uno de los detenidos, dijo emocionada al ver en el carro policial a su hijo, que la agonía vivida durante 22 días no se la desea a nadie y espera ella misma no tener que volver a vivirla. "Ellos tienen que hacer una vida nueva y, aunque tienen que seguir luchando, deben hacerlo sin la posibilidad de pasar por una situación como esta", acotó.

Nuevas formas de represión

Miembros de colectivos armados junto a militares reprimiendo a los manifestantes. Ataques contra vehículos particulares y edificios residenciales. Denuncias de torturas. Asesinados con tiros en la cabeza.

Las mismas imágenes que se repiten en distintas ciudades del país, en el marco de las protestas contra el Gobierno de Nicolás Maduro.

"No recuerdo un cuadro de acompañamiento tan sistemático entre grupos paramilitares en combinación con efectivos de la Fuerza Armada y cuerpos de seguridad del Estado", señala Rocío San Miguel, presidenta de Control Ciudadano.

La presunta cooperación entre agentes del Estado y bandas de civiles armados al momento de responder a los manifestantes, hacen que San

Miguel destaque la existencia de "un mando que está coordinando estas actuaciones, pues no es casualidad que se observen esos patrones en tantos sitios geográficos distintos".

La portavoz de Control Ciudadano apunta que "hemos recibido de manera anónima información sobre la posibilidad del uso de mercenarios" en los operativos del Gobierno para frenar las protestas.

San Miguel también advierte que el Ejecutivo podría estar creando "falsos positivos" para justificar la represión. ¿Y qué es un falso positivo? "Es la simulación de un hecho punible perpetrado por infiltrados para atribuírselo a la oposición. Llama la atención la capacidad del Gobierno para filmar los ilícitos y mostrarlos como ataques fascistas en lugar de intervenir con la FAN para evitar que esto ocurra", responde…

Liliana Ortega, directora de la ONG COFAVIC, subraya que en el país "hay una falencia sistemática en el ámbito de los derechos humanos con relación al control del orden público". Ortega recuerda que la Corte Interamericana de Derechos Humanos en sus sentencias por los casos del "Caracazo", el retén de Catia y las desapariciones forzadas en el Estado Vargas en 1999 dejó en evidencia "la falta de procedimientos adecuados a los DDHH para controlar el orden público".

La experta legal precisa que la Constitución estipula que las medias de seguridad deben ser desarrolladas por policías de carácter civil y no por militares.

Ortega coincide en que parece existir "una especie de patrón" que se caracterizaría por "la presencia de grupos de civiles armados que podrían contar con la tolerancia del Estado". De comprobarse esta hipótesis, "estaríamos frente a gravísimas violaciones de los DDHH", acota.

La vocera de COFAVIC considera que los disparos indiscriminados contra residencias familiares, y los disparos de perdigones o de gases tóxicos a corta distancia contra manifestantes "pueden configurar el delito de tortura, visto el daño que ocasionan a las víctimas".

Otro elemento sobre el que llama la atención Ortega es la "criminalización de la protesta a través de la judicialización". "Muchos de los detenidos salen en libertad restringida, con cargos y amenazas de juicio que trastocan sus proyectos de vida por el hecho de protestar", apunta.

"Denuncian la existencia de un nuevo "patrón" para reprimir. El Universal, 23-2-14

La palabras que el viento se llevó

"No acepto grupos violentos en el campo del chavismo y la revolución, quien quiera tener armas para combatir con armas, que se vaya del chavismo", exclamó Nicolás Maduro el sábado 15 de febrero en la avenida Bolívar de Caracas, luego de que los medios de comunicación social se hicieran eco de las denuncias sobre la actuación conjunta de colectivos armados y efectivos militares en la represión contra las protestas estudiantiles.

En ese discurso, recuerda Pedo Pablo Peñaloza, Maduro señaló: "Aquel que salga con armas a la calle, se procederá legalmente. Tiene que haber disciplina, mando único, claridad estratégica, verticalidad en el mando y en el comando de la revolución".

Tres días antes de esa advertencia, tras informar sobre el asesinato de Juan Montoya, coordinador del Secretariado Revolucionario de Venezuela, el presidente de la Asamblea Nacional, Diosdado Cabello, pidió a los colectivos de la parroquia 23 de Enero "calma y cordura", que "confíen en nosotros". Igualmente juró castigar a los culpables de la muerte de Montoya, cuya organización agrupa a colectivos de la capital y el Estado Vargas.

En el referido texto periodístico de PPP el abogado criminalista Fermín Mármol García relató que los colectivos armados tienen su origen en los grupos subversivos de izquierda radicados en el 23 de Enero.

"En principio –aclaró- eran los Tupamaros, pero en la década de los 80 comienzan las divisiones y surgen otras formaciones".

Así habrían nacido los Carapaica, Alexis Vive y La Piedrita, entre otras agrupaciones que se identifican como chavistas radicales y militantes del proceso bolivariano.

Según el experto, "En Venezuela hay alrededor de 1.136 parroquias distribuidas en 335 municipios y, al menos, existe presencia de colectivos armados en un centenar de parroquias", sostiene.

Mármol García reconoce que "estos grupos de izquierda subversivos siempre han existido"; sin embargo, dice que desde la llegada de la revolución chavista en 1999 se han "fortalecido y reconocido su beligerancia".

Los colectivos violentos 'se autodenominan guardianes de la revolución, utilizan símbolos y colores del partido de Gobierno y tienen innegables amistades en el alto Gobierno, lo que les permite contar con una patente de corso que los ubica por encima del ordenamiento jurídico", resume el experto.

Pedro Pablo Peñaloza. "Colectivos armados actúan como policías, fiscales y jueces". El Universal, 23-2-2014.

En Barquisimeto motorizados chavistas destrozan vehículos

El 23 de febrero de 2014 Edy Pérez Alvarado, en un reportaje especial para el diario El Universal, reseñó:

-Barquisimeto. - Eran las 8:00 de la noche del viernes y se escuchaba el estruendo repetido de las explosiones.

Los vecinos del bloque 6 de Patarata permanecían encerrados en sus apartamentos. Frente a las residencias en la sede de CORPOLARA, en la avenida Libertador, estaba un grupo de aproximadamente 30 motorizados que gritaban:

"Las calles son de los chavistas, salgan pues".

Daban vueltas en círculos al tiempo que los militares pasaban en sus motos y, quitaban las barricadas hechas con basura que los vecinos colocaron para continuar con las protestas en contra de las políticas del Gobierno nacional, que en Barquisimeto llevan 11 días consecutivos.

Al ver que los motorizados andaban encapuchados, los vecinos se quedaron tranquilos, solo se escuchaba el sonido de pocas cacerolas. Pero de repente los motorizados se unieron y decidieron entrar al área de estacionamiento del edificio residencial, ubicado en Barquisimeto.

Cuando lograron quitar el portón empezaron a lanzar cohetes para amedrentar a los habitantes. Luego se escucharon detonaciones parecidas a disparos y la explosión de bombas molotov se multiplicó en reiteradas ocasiones.

Los atacantes decían "Viva Chávez" al tiempo que rompían los vidrios de los vehículos allí estacionados.

Se metían dentro de las unidades, sacaban reproductores y cualquier objeto de valor que encontraron y luego seguían de carro en carro, destruyeron los vidrios de más de 10 vehículos particulares.

Para cerrar de manera trágica el ataque violento en contra de la propiedad privada del estado, les prendieron fuego a tres carros.

Los vecinos aseguraron que, a las afueras del portón, un grupo de militares esperaba montado en motos a que los violentos salieran. "Los destrozos lo hicieron en menos de 15 minutos y se fueron escoltados por funcionarios de la Guardia Nacional Bolivariana y más atrás pisó la tanqueta del componente militar".

La Represión como política de Estado

Un informe emanado de la Asociación Civil Fuerza, Unión, Justicia, Solidaridad y Paz, Organización No Gubernamental de Barquisimeto, Estado Lara, calificó 2014 como el año de la represión como política de Estado en Venezuela.

-El asedio –se lee en el informe- a urbanizaciones y conjunto residenciales por parte de funcionarios de la Guardia Nacional Bolivariana La utilización de tanquetas blancas modelo VN4 4×4 fabricados en China del componente de las FANB, Guardia Nacional Bolivariana, contra, portones, muros, así como el disparo de perdigones contra residencias, que poco o nada han tenido que ver con alteración al orden público.

Luego indicó:

-Para desarrollar este punto colocamos la información recabada por la ONG PROVEA sobre los sucesos ocurridos en el Estado Lara los cuales fueron confirmados y verificados en su mayoría por FUNPAZ. Residencias Las Doñas El 19.02.2014 a las 10:30 pm, habitantes de las Residencias Las Doñas en la Avenida Florencio Jiménez, grabaron a sujetos que, escoltados por tanquetas y efectivos de la GNB y la PNB, lanzaron cohetones hacia el estacionamiento, produciendo el incendio de un vehículo. Según relatos recogidos en prensa, algunas calles y canales de las Avenidas Florencio Jiménez y Libertador: "En principio, se trató de un grupo pequeño de motorizados que, bajo el amparo de la Guardia Nacional Bolivariana y la Policía Bolivariana, atacó con bombas de fabricación casera, perdigones, piedras, metras y palos a los vecinos que se encontraban protestando pacíficamente. Posteriormente, el número de agresores aumentó".

Luego apuntó:

-Al día siguiente, el 20.02.2014 a las 5:15 pm, 30 funcionarios de la GNB tomaron los edificios sin orden alguna, con la justificación de estar buscando una camioneta llena de cauchos, lo que negaron los residentes. En sus relatos manifestaron que los efectivos intimidaron a jóvenes y adultos que jugaban en el estacionamiento. A los propietarios les ordenaron abrir las maleteras de sus carros y a los jóvenes les ordenaron acostarse en el piso: "aseguran que les hicieron una requisa a los chamos, en su mayoría menores de edad (...) y les exigían que les entregaran los objetos violentos que supuestamente utilizarían para alterar el orden público". Residencias Centro Metropolitano Javier y de la Avenida Libertador.

Y a continuación precisó:

-El 19.02.2014, tanquetas de la GNB acompañadas por funcionarios de la PNB y grupos de civiles en camionetas llegaron en caravana al Centro Metropolitano Javier en la Avenida Libertador. Los civiles atacaron a los manifestantes de estas residencias y aterrorizaron a todos los habitantes, disparando hacia los edificios y dañando las cámaras de seguridad.

Sobre estos hechos, contaron: "Nosotros cerramos la Avenida y nos quedamos dentro de la urbanización. Luego llegaron unos motorizados a lanzarnos piedras y cohetes. Nosotros nos defendimos como pudimos. Se fueron y regresaron como 100 motorizados (...) estaban resguardados por una tanqueta, la Guardia y los policías...". Otro residente narró: "Nos atacaron tres veces, a las 8:00, 9:30 y 10:30 de la noche, el último fue el más fuerte de todos. Además de los motorizados vinieron una Pickup negra, una van Daewoo blanca, una Machito roja, una Explorer Blanca, cada vehículo con aproximadamente diez personas, además de las dos tanquetas y tres fuerzas anti-motín apostadas en la entrada de la urbanización. Nos dispararon. Eran balas, disfrazadas por cohetones; nos lanzaron bombas lacrimógenas. Fue horrible". Los civiles subieron después por la avenida Libertador hasta las residencias de la Urbanización Sucre y La Urbanización de Pueblo Nuevo fue igualmente atacada.

Allí los residentes narraron que, a las 9:00 pm, "Más de cuarenta motorizados, varias camionetas y un convoy de la Guardia Nacional Bolivariana circularon en torno al edifico. Les llegaron por detrás a los manifestantes, los repelieron y lanzaron para el estacionamiento cohetes, perdigones y bombas molotov. Los motorizados intentaron derrumbar el portón, hubo muchos gritos y tensión. Se fueron y regresaron con más piedras y bombas". También el 19.02.2014, en la Avenida Florencio Jiménez, desde las Residencias Cristal, un joven relató que, cuando estaban manifestando cerca de las 10:00pm, llegó una tanqueta de la GNB junto con una ballena que los replegó hacia los edificios. Minutos más tarde se presentó un grupo de civiles en motos y a pie disparando con armas de fuego en la zona.

Después apuntó:

-El 20.02.2014, por la Avenida Libertador, un grupo de civiles que removían barricadas fueron grabados cuando lanzaban piedras a manifestantes dentro de las veredas de una urbanización. Uno de ellos disparó un arma de fuego hacia las casas. en la Avenida Rotaria, fueron vistos una gran cantidad de civiles en motos lanzando cohetones hacia los edificios y efectuando disparos con armas de fuego hacia los manifestantes que se encontraban en la avenida. Residencias Tau y Los Álamos.

Ese mismo día "los manifestantes se retiraron de la Avenida Lara cuando los efectivos de la GNB comenzaron a reprimirlos con perdigones y gases lacrimógenos".

La fuente expresó al respecto que "Se resguardaron en sus residencias, a las que continuaron disparando, y al mismo tiempo, las tanquetas de la GNB se desplazaban constantemente por esta Avenida efectuando disparos de perdigones a los edificios". Pasaron varias veces frente a las Residencias Los Álamos y Tau, mientras los manifestantes les lanzaban bombas caseras.

El 20.02.2014, a las 2:00 pm, se presentó un grupo de personas del oficialismo en 3 autobuses del Sistema de Transporte Masivo de Barquisimeto (TRANSBARCA), junto con efectivos policiales, a las residencias de la urbanización Patarata II, en la Avenida Libertador. Ingresaron a la urbanización violentando el portón de entrada. En las calles, los GNB dispararon bombas lacrimógenas a todas las personas que allí se encontraban. A las 3:00pm efectivos de la PNB llegaron en motos con civiles a uno de los bloques, intimidando a los residentes. Cuando tres mujeres bajaron a reclamarles y exigirles que se retiraran, un efectivo lanzó una bomba lacrimógena cerca de ellas dentro del edificio. En las Residencias Arca del Norte, frente a la urbanización Patarata, los funcionarios entraron en el estacionamiento y destrozaron 13 vehículos. El 21.02.2014, a las 10:00 pm, efectivos de la GNB, PNB y civiles llegaron de nuevo a la urbanización Patarata. Atemorizaron a todos los residentes por haber construido una barricada y tocar cacerolas. En los Bloques 6 y 7, Sector B, de Patarata I, forzaron la puerta del estacionamiento y dañaron 58 vehículos, de los cuales 3 quedaron completamente incinerados. Según narró una residente: "Nos atacaron con piedras, botellas, bombas molotov y balas. Incluso, las lanzaban dentro de los carros para incendiarlos (...). Vestían de negro, llegaron en motos y en unas camionetas rotuladas con el logotipo de PDVSA Gas. El señor que cuida los carros debió esconderse, pues estaba amenazado de muerte. A un muchacho que llegó en el momento a guardar su vehículo, lo sacaron a golpes solo por el hecho de presenciar lo que estaba ocurriendo. La Guardia Nacional aparentemente colaboraba con ellos. Luego de destrozar los carros, los sujetos se refugiaron detrás de los guardias y en la sede de CORPOLARA. Sentimos una gran impotencia, por cuanto las autoridades que deberían protegernos evidentemente no lo hacen. Por el contrario, parecieran estar del lado del agresor". Otro residente expresó: "Esto era una batalla. Ellos llegaron a amedrentar a los muchachos de los edificios que estaban tocando cacerolas. Sinceramente, no considero que una cacerola sea un arma tan peligrosa, como para que deba ser repelida de una forma tan violenta". Residencias del Club Hípico Las Trinitarias

- El 20.02.2014 a las 4:00 pm, 2 tanquetas y efectivos de la GNB en motos, acompañados de civiles en motocicletas y a pie, llegaron a las Residencias de la urbanización Club Hípico Las Trinitarias, frente a la Universidad Fermín Toro (UFT), en la Avenida Herman Garmendia. Delante de las barricadas que habían apostado manifestantes en la Avenida y apoyados por los efectivos de la GNB y las tanquetas, que ingresaron a las calles de la urbanización disparando bombas lacrimógenas y perdigones para dispersarlos, los civiles comenzaron a atacar los edificios y vehículos con piedras, objetos y bombas caseras, sin la intervención de los funcionarios, a pesar de los gritos y pedidos de socorro de los residentes. Los ataques causaron múltiples destrozos en apartamentos y en 13 vehículos del Edificio Terepaima, dejando uno completamente incinerado. Entre los civiles que actuaron en los hechos de las Residencias Club Hípico Las Trinitarias, se encontraba Alexis Martínez de 58 años, hermano de Francisco Martínez, diputado del Partido Socialista Unido de Venezuela (PSUV), quien fallece por herida de bala en el pecho. El presidente Maduro, desde el Palacio de Miraflores y en cadena nacional, adjudicó esta muerte a los grupos de asesinos involucrados en el golpe, que dispararon desde los edificios cuando Alexis se encontraba recogiendo escombros. El 24.02.2014, habitantes de las Residencias Club Hípico las Trinitarias manifestaron a la prensa que se encontraban en peligro, después de las declaraciones del presidente: "Los colectivos de Tierra Negra, El Ujano y El Cercado nos tienen declarada la guerra. Por otra parte, no recibimos protección de la Guardia Nacional ni de la Policía. Por lo tanto, somos los mismos vecinos quienes tenemos que organizarnos para cuidarnos. Sabemos que existe la orden de retirar las barricadas. Que las quiten, pero igual las vamos a volver a armar. Ya no se trata sólo de protestar, sino de defendernos. No confiamos en la fuerza pública".

Igualmente destacó:

- El 22.02.2014, en la noche, las tanquetas de la GNB efectuaban persecuciones a manifestantes y disparaban perdigones hacia las Residencias Los Girasoles. El 12.03.2014, manifestantes de las Residencias Tau volvían a resguardarse de tanquetas que disparaban al edificio.

El 06.03.2014, los efectivos de la GNB junto con grupos de civiles persiguieron por la Avenida a manifestantes. Dos de los civiles saltaron las cercas y se introdujeron dentro de los edificios.

El 09.03.2014, la GNB llegó de nuevo a la Urbanización Valle Hondo agrediendo a los habitantes. Ingresó a casas saltando los portones y deteniendo a manifestantes348. El 12.03.2014, después de fuertes enfrentamientos de la GNB con estudiantes y vecinos que habían construido barricadas en la Avenida El Placer para evitar el paso a sus residencias, a las 7:00 pm, la GNB intentó ingresar a la urbanización, disparando perdigones. En estos hechos resultaron 2 personas heridas de bala -Alejandro Labrador y José Rafael Álvarez- y 24 por perdigones. Los residentes contaron: "Estábamos protestando de forma pacífica en la Avenida El Placer, en las afueras de la urbanización, cuando aproximadamente a las 10 de la mañana, un contingente de la Guardia nos reprimió violentamente; la acción produjo que nos resguardáramos en nuestras casas, pero los efectivos nos persiguieron y lanzaron bombas lacrimógenas dentro de nuestros hogares, sin importar que ahí estaban niños y ancianos".

- El 24.03.2014, en horas de la mañana, los vecinos de las Urbanizaciones Santa Cecilia y Villa Roca cerraron la Avenida Ribereña, que comunica algunos sectores de Cabudare con Barquisimeto. Organismos de seguridad hicieron presencia para dispersar a los manifestantes y se generó un enfrentamiento que dejó un herido de bala: Walter Briceño de 20 años. El Sargento Julio Cesar Vargas de 26 años, también resultó herido por un objeto explosivo. El 26.03.2014, funcionarios del CICPC, Ministerio Público y GNB se presentaron a la urbanización Santa Cecilia, informando que procederían a realizar los que llamaron una inspección y un levantamiento planimétrico. El comisario Juan Carmona, del CICPC, dijo que este procedimiento se debía a "los continuos ataques de los que ha sido objeto la urbanización por parte de grupos armados". Se prohibió la entrada y salida a la urbanización, y los funcionarios requisaron a personas y viviendas.

El 01.04.2014, tanquetas de la GNB ingresaron a la urbanización Fundalara, disparando perdigones y bombas lacrimógenas en sus calles y hacia el interior de edificios donde se refugiaban jóvenes manifestantes. Forzaron los portones de varios edificios, entraron y dispararon a los apartamentos. En este procedimiento capturaros a dos jóvenes que se llevaron detenidos. También fueron vistos lanzando piedras con hondas hacia casas donde los residentes protestaban las acciones de represión. Cerca de las 8:00pm, cuando las tanquetas volvían a pasar, disparaban a edificios y los residentes les lanzaban bombas caseras.

El 02.04.2014, fueron grabadas tanquetas de la GNB junto con vehículos conducidos por civiles, asediando la urbanización Valle Hondo. El 08.04.2014, la GNB se llevó detenido a un residente en su vehículo por tener cauchos dentro de éste. Debido al rechazo de los vecinos, que comenzaron a tocar cacerolas, los efectivos dispararon por casi 90 minutos gases lacrimógenos hacia las casas

El 04.04.2014, repitieron el procedimiento en esta urbanización. El 06.04.2014, en las Residencias de Fundalara I y II, las tanquetas también hicieron destrozos en el portón de los edificios. Según los residentes, el portón "fue desencajado, roto y acribillado a perdigonazos" y también por tiros de armas de fuego".

Más adelante registró:

-El 06.05.2014, 3 tanquetas y efectivos de la GNB se encontraban en el sector de las Residencias Los Cardones disparando gases lacrimógenos hacia varios edificios y calles. Cuando una volvía a pasar frente a estas residencias, fue lanzada desde los edificios una bomba casera que incendió el techo de la tanqueta, motivo por el cual ésta embistió el portón con la intención de ingresar a los edificios. Hasta el 22.05.2014 por la tarde, la GNB continuaba atacando el mismo sector con gases lacrimógenos los edificios de esas residencias.

Ese mismo día, las familias de las residencias Parque Central, Los Cardones y La Floresta, realizaron una asamblea con el alcalde de Iribarren para exigir protección a su seguridad y derechos, debido a los constantes allanamientos y ataques de perdigones y gases lacrimógenos. El alcalde manifestó su apoyo material y moral a estas familias y a la protesta en términos pacíficos, así como rechazó el uso de la represión por parte de los órganos de seguridad y sus "colectivos afectos".

El informe agregó que, en la misma zona, el 04.06.2014, la GNB derribó el portón de las Residencias de Parque Central. Residencias del Este y el Parque apoyados por efectivos militares, reprimieron nuestra concentración con bombas lacrimógenas y perdigones. Luego de corrernos, empezaron a lanzar piedras y rompieron vidrios de la panadería". El 19.05.2014, una tanqueta de la GNB entró a Valle Hondo disparando perdigones a manifestantes y derribando varios portones de la urbanización. Según relataron los residentes, cuando entraron dispararon contra las casas, también hicieron destrozos en la garita de vigilancia y se llevaron varias bicicletas.

El 04.04.2014, en las urbanizaciones de la Avenida Ribereña, entre ellas Los Samanes, la GNB y la Policía Nacional Bolivariana (PNB) lanzaron gas y dispararon perdigones contra las viviendas para impedir que los habitantes de la zona protestaran con cacerolas. Reportaron dos tanquetas quemadas. "Con los efectivos militares se encuentran funcionarios PNB y motorizados armados", indicaron los vecinos, pidiendo auxilio. El 09.05.2014, en la mañana, los habitantes de las Residencias La Ribereña I, denunciaron a la prensa, vía telefónica, que unos 80 efectivos de la GNB con dos tanquetas y varias camionetas tomaron estas residencias con el fin de ejecutar allanamientos a 10 viviendas, sin orden judicial. De acuerdo con el reportaje del periodista Luis Alberto Perozo Padua del Diario El Impulso, las entradas y ventanas fueron selladas con cartones y otros materiales para no permitir visibilidad hacia dentro, mientras se efectuaban las operaciones de requisa. No hubo paso por las Avenidas adyacentes y se requisaba a toda persona que saliera. Del lugar entraban y salían motos, vehículos y efectivos armados. Tampoco se permitió acceso a periodistas. Dijeron: "Por orden superior no está permitido el paso a la prensa, ni tampoco pueden filmar ni hacer fotografías". Había civiles portando carné del Ministerio Público y del SEBIN. Según un vecino, los efectivos detuvieron a 6 personas que trasladaron a la sede del CORE 4. Los periodistas pudieron constatar que también se llevaron detenidos a 2 vigilantes de la urbanización. Cuando la prensa entró para recoger testimonios, los residentes manifestaron: "No se nos permite declarar hasta que los militares se retiren porque estamos en pleno levantamiento de las actas". Posteriormente, alrededor de las 11 am, se reportó el ingreso de 20 funcionarios del SEBIN, vestidos de civil y portando armas cortas y largas, a las Residencias Tabure Villas II. Por estas acciones, jóvenes de ambas residencias salieron a protestar en las Avenidas El Placer y Simón Planas, pero fueron dispersados por dos vehículos de la GNB que, según los residentes, lanzaban "...una lluvia de metras y perdigones en contra de todo lo que se moviera. Igualmente, el bombardeo de gases tóxicos a los patios, techos y frentes de los urbanismos limítrofes a la Simón Planas fue brutal". Una tanqueta derribó tres portones de los accesos de La Ribereña y Tabure, y a otro le abrió un gran boquete. El general Octavio Chacón, comandante del CORE 4, declaró a la prensa que estas operaciones se definían como "Visitas domiciliarias, o lo que antes se llamaba allanamiento en varias urbanizaciones de Cabudare, motivado a los hechos violentos suscitados en el lugar donde personas en su mayoría ajena a estos lugares, pero sí con complicidad de algunos habitantes, se han dedicado a generar el caos y la anarquía cometiendo actos terroristas". Afirmó que habían entrado a las Residencias La Ribereña y Tabure Villas por información que suministraron los mismos residentes y transeúntes, con la orden de recolectar artefactos y artículos de interés criminalístico, usados por personas dedicadas a crear zozobras". Al preguntarle sobre los daños a la propiedad, respondió: "Los daños son ocasionados por los manifestantes y si hay evidencia que la guardia haya incurrido en actos fuera de la norma, pueden acudir a las instancias correspondientes". Agregó que, en las protestas de ese día, un funcionario de la GNB fue herido con bala 9 milímetros en la cadera. El aislamiento, maltrato, tortura y sometimiento a tratos inhumanos, crueles y degradantes a detenidos, incomunicación con familiares y abogados.

Falleció estudiante en Naguanagua

En un reportaje especial para El Universal, publicado el 23 de febrero por la periodista Marianela Rodríguez se lee:

-Valencia. –Geraldine Moreno Orozco, estudiante universitaria y deportista carabobeña de 23 años, falleció el mediodía de este sábado producto de las heridas que un funcionario de la Guardia Nacional Bolivariana le causó al dispararle una carga de perdigones en su rostro.

La noche del miércoles 19 de febrero, la infortunada se encontraba con cuatro amigos frente a su casa ubicada en Residencias Bayona Country I, en el sector Tazajal de Naguanagua, observando una manifestación de vecinos del sector en contra del Gobierno nacional. Seis efectivos de la GNB a bordo de motocicletas llegaron al lugar para dispersar a los manifestantes y uno de ellos disparó contra la joven que, en la carrera, había caído al suelo.

El equipo médico del Hospital Metropolitano del Norte en Naguanagua que atendió a Moreno Orozco oficializó el deceso de la estudiante a las 12:43 de la tarde de este sábado. Dos sacerdotes se encontraban en la Unidad de Cuidados Intensivos al momento del fallecimiento a solicitud de los familiares.

La estudiante del quinto semestre de Citotecnología en la Universidad Arturo Michelena, fue intervenida quirúrgicamente por primera vez el jueves cuando los médicos no pudieron salvar su ojo derecho debido a la gravedad de las lesiones. El viernes a la joven le fue practicada una segunda cirugía para drenar un edema cerebral, la cual se prolongó durante ocho horas.

El equipo de neurocirujanos qué atendió a la joven, refirió que Geraldine presentaba daño cerebral grave, edema encefálico y derrame.

La periodista da cuenta en el texto de la continuación de los hechos violentos en la zona metropolitana de Valencia con saldo de lesionados y pérdidas materiales.

-Aproximadamente a las 8:30 de la noche del viernes 21 de febrero –añade el texto- varios encapuchados incendiaron un autobús que -se encontraba en la sede de la UNEFA en Naguanagua.

Con el fallecimiento de Geraldine Moreno, el número de muertes aumentó a 10, desde la marcha del pasado miércoles 12 de febrero hasta la tarde de ayer sábado 22.

Por otro lado, el Foro Penal Venezolano da cuenta de que "En todo el territorio nacional, han sido contabilizados 537 detenciones y retenciones" y "33 personas, en su mayoría jóvenes y estudiantes, privados de libertad por juzgados en materia penal", así como "medidas cautelares a 97 personas que fueron presentados en audiencia, luego de ser detenidos por protestar en diferentes ciudades del país", por parte de los tribunales penales.

Detención de jóvenes en Bolívar y Barinas

He aquí el despacho especial para El Universal de la periodista María Ramírez Cabello sobre la represión de la Guardia Nacional en el Estado Bolívar, de fecha 23 de febrero de 2014:

-Ciudad Guayana. - Estudiantes y sociedad civil marcharon este sábado en Puerto Ordaz, desde Unare hasta las adyacencias del Palacio de Justicia, en pro de la paz y en rechazo a la represión de los cuerpos militares.

Al final de la marcha, un grupo de jóvenes intentó en dos oportunidades cerrar algunas vías cercanas al Paseo Caroní, lo que motivó a la Guardia Nacional Bolivariana a dispersarlos con bombas lacrimógenas.

Algunas personas se dirigieron a los centros comerciales Cercanos, principalmente al Ciudad Alta Vista 1 y II, a donde entraron ocho motorizados de la GNB con armas largas. Trabajadores del centro comercial informaron que los uniformados entraron armados, sin importar la presencia de niños y ancianos.

Tres jóvenes fueron detenidos, confirmaron fuentes militares, y trasladados al Destacamento N° 88 de la Guardia Nacional Bolivariana.

En la avenida 17 de diciembre de Ciudad Bolívar, los manifestantes que marchaban hacia la Fiscalía también fueron dispersados con bombas lacrimógenas por la Guardia Nacional Bolivariana.

En esa misma fecha, un despacho especial del periodista Walter Obregón para el diario El Universal, expresó:

-Barinas. - Carolina Herrera se encontraba el viernes por la noche en el sector Ciudad Varyná, retirando unos cauchos de la vía para que pasara el vehículo donde se trasladaba, cuando fue detenida por la policía, denunciaron sus familiares.

En esta comunidad la tensión no ha bajado. Durante la semana, los vecinos salen a colocar barricadas que luego son incendiadas y aseguran que esa seguirá siendo su rutina hasta que el Gobierno rectifique.

Cada noche ha habido personas detenidas, pero los habitantes de Ciudad Varyná dicen estar firmes en sus acciones de calle, que califican de pacíficas y culpan a la policía de fomentar los hechos violentos. Anoche, hubo presencia de personas protestando en el sector Don Samuel, donde los vecinos aseguran que detuvieron tres personas más.

Comunicado del Consejo Universitario de LUZ

El 13 de marzo de 2014 el Consejo Universitario de la Universidad del Zulia emitió un comunicado público del tenor siguiente:

-El Consejo Universitario, declarado en sesión permanente desde el 17 de febrero de 2014, en su reunión de fecha 13 de marzo en curso, acordó por unanimidad, dirigirse a la opinión pública y a los entes gubernamentales, en atención a la profunda crisis política, económica y social que atraviesa nuestro país, o cual ha traído como consecuencia un descontento generalizado en la población, desencadenando una serie de protestas a nivel regional y nacional por parte de la sociedad civil y liderada por el movimiento estudiantil.

Tales manifestaciones están amparadas en la Constitución de la República Bolivariana de Venezuela (CRBV), principalmente en o que se refiere al respeto a normas fundamentales, como el mantenimiento de un estado democrático y social de derecho y justicia, como base de vida de los venezolanos, fundamentada en valores de igualdad, con preeminencia de los derechos humanos, la ática y el pluralismo político.

La Universidad del Zulia, como institución centenaria de formación de profesionales en Venezuela, no escapa a las consecuencias de esta situación y en tal razón, aprobó rechazar categóricamente y denunciar lo siguiente:

1. La violación de la autoforma universitaria, ejecutada en su recinto, específicamente en el núcleo Maracaibo y en el núcleo Costa Oriental del Lago, al irrumpir indebidamente en sus espacios en varias oportunidades, inclusive realizándose detenciones a personal de esta, cuando cumplía con su deber laboral.
2. La brutal y exagerada represión ejercida por las fuerzas públicas del Estado en contra de la sociedad civil y muy especialmente, de los estudiantes, abusando de su poder numérico y armamentista, utilizado con alevosía, dejando como saldo jóvenes fallecidos y gravemente heridos, así como severos daños a infraestructura de edificios y casas ubicadas en los sitios de los hechos y zonas aledañas.
3. El presunto amedrentamiento a profesionales de la salud que han atendido a estudiantes heridos, induciéndolos a incumplir su Juramento Hipocrático, al pretender que desatiendan su obligación, hasta el punto de realizar allanamientos ilegales a sus moradas.
4. La criminalización del derecho a la protesta de la sociedad civil por parte del Poder Público Nacional.
5. La injerencia de los colectivos armados que operan al margen de la Ley.
6. Las violentas arremetidas sucedidas contra las instituciones educativas de nivel medio y universitarias, tanto públicas como privadas, llegando a causar daños físicos a sus estructuras de invaluable valor y contra las personas que han perdido sus vehículos y equipos, a la vez que han visto sus vidas seriamente amenazadas en lo físico y lo psicológico.

Debido a lo antes expuesto, el Consejo Universitario acordó:

1. Exigir a los entes gubernamentales del Estado:

1.1. Permitir a la sociedad civil, entre ellos sus estudiantes, expresar sus reclamos mediante protestas pacíficas, bajo su debida vigilancia, así como exigir el respeto a los derechos constitucionales y protestas legales de los manifestantes.

1.2. Ordenar la disolución de los colectivos armados que actúan al margen de la Ley.

1.3. Solicitar una investigación objetiva de los hechos aquí denunciados, impartiendo recta justicia, según corresponda.

1.4. Solicitar la libertad plena de los manifestantes detenidos que hayan ejercido el derecho a la protesta.

1. 5. Respetar la autonomía universitaria y la inviolabilidad a su recinto, pautadas en la CRBV y la vigente Ley de Universidades, respectivamente.
2. Mantener la Universidad abierta como espacio para el debate de las ideas, en su función rectora de orientación y formación de la colectividad.
3. Exhortar al Gobierno Nacional y a los sectores de oposición, empresarios y trabajadores, a la búsqueda y logro de un acuerdo nacional que permita la reactivación económica, la paz social y el entendimiento político entre las partes, para lo cual las instituciones universitarias están dispuestas a colaborar.

Dado, firmado y sellado, en el. Salón de Sesiones del Consejo Universitario, a los trece días del mes de marzo de dos mil catorce.

Dr. Jorge Palencia Piña Dra. Marlene Primera Galué

Rector-Presidente Secretaria

El 23 de octubre de 2016 el portal Aula Abierta denunció la violación de la autonomía universitaria por parte de efectivos de la Guardia Nacional, el cuerpo represivo más letal de la narcodictadura de Nicolás Maduro

-Las calles –indicó al respecto- son el actual escenario de manifestación civil. Aunque el gobierno, como en otras ocasiones pretende ocultar esta violación a la constitución con el puente feriado, pues el lunes 24 de octubre es el natalicio de Rafael Urdaneta y muchas personas viajan; quienes se quedaron en la ciudad han salido a protestar.

Durante estas protestas estudiantiles los cuerpos de seguridad del Estado entre ellos la Guardia Nacional Bolivariana, violaron la autonomía universitaria de la Universidad del Zulia para reprimir a los estudiantes. Las agresiones fueron documentadas por videos aficionados y de medios de comunicación social.

Violencia y represión fue la respuesta del Estado venezolano ante el descontento popular por la negativa del gobierno nacional de acceder a realizar el referéndum revocatorio este año.

Al final registró:

-A continuación, un dossier de la cobertura que los medios impresos y digitales hicieron de estas represiones el día 21 de octubre de 2016:

Diario Versión Final: LUZ denuncia ingreso de organismos de seguridad a Facultad de Ingeniería

http://versionfinal.com.ve/ciudad/reportan-disturbios-nucleo-tecnico-luz/

Noticias Venezuela Info: Reprimen a estudiantes de LUZ por protestar (Video)

http://noticiasvenezuela.info/2016/10/reprimen-a-estudiantes-de-luz-por-protestar-video/

Diario Qué Pasa: Se registran disturbios en la facultad de ingeniería de LUZ

http://www.quepasa.com.ve/regionales/se-registran-disturbios-en-la-facultad-de-ingenieria-de-luz/

La iguana TV: VIDEO-TUITS: REPORTAN DISTURBIOS Y ENFRENTAMIENTO CON LA GNB EN LA UNIVERSIDAD DEL ZULIA. La iguana TV: VIDEO-TUITS: REPORTAN DISTURBIOS Y ENFRENTAMIENTO CON LA GNB EN LA UNIVERSIDAD DEL ZULIA.

La Guardia Nacional reprime, roba y secuestra

El 16 de mayo de 2017 la periodista Sabrina Martín, de PanAm Post, en un reportaje sobre la actuación de la Guardia Nacional en la represión de las manifestaciones contra la narcodictadura de Nicolás Maduro, con el epílogo "Maldito sucio, eres un guarimbero, te vas a morir", le gritó un funcionario GNB a un testigo que prefirió mantenerse en anonimato (Noticias Barquisimeto), denunció:

-Funcionarios de la Guardia Nacional Bolivariana (GNB) golpean, secuestran y roban a venezolanos mientras estos manifiestan pacíficamente contra el régimen de Nicolás Maduro. Los guardias les piden, a los detenidos, USD

$2000 para liberarlos.

Miedo, impotencia y frustración son las sensaciones de quienes, en los últimos días, han sido testigos de la brutal represión en Venezuela.

Funcionarios de la GNB se han convertido en "verdugos" de cientos de venezolanos que día a día deciden salir a las calles para exigir democracia y libertad; dichos uniformados que deberían velar por el resguardo y la seguridad del país ahora son delincuentes vestidos de verde.

A continuación, señaló:

-Luego de ser víctima de golpes, insultos y otras vejaciones, un testigo contó a PanAm Post el nuevo modo en que actúa la Guardia Nacional Bolivariana; afirma que los victimarios no son funcionarios formados de modo militar: "son malandros, delincuentes, se ve por cómo atacan, cómo hablan, cómo actúan".

Es el testimonio de un venezolano que prefirió mantenerse en anonimato; se encontraba este lunes 15 de mayo en una manifestación en Valencia, Estado Carabobo; y fue golpeado, robado e insultado por hombres uniformados de la GNB.

"Llegó la GNB en motos, ya no están usando las tanquetas al menos en Valencia. Empezaron a disparar a mansalva; había jóvenes, adultos y personas de tercera edad [...] empezamos a correr; un funcionario me agarró, me pegó en la cabeza, me tumbó al suelo y me empezó a insultar"; relató.

11 jun 2014 — Nicolás Maduro, ha reprimido manifestaciones antigubernamentales 485% más que su antecesor Hugo Chávez

"Maldito sucio, eres un guarimbero (se refiere a como el oficialismo llama a todos los opositores que protestan en las calles, especialmente a los jóvenes que cierran las vías), te vas a morir", me gritaba el funcionario. En ese momento, el sargento que los comandaba me robó [...] nos agarraron por el cabello, a mí y a otras seis personas incluyendo mujeres, nos colocaron en el suelo, nos golpearon y escupieron"; resaltó.

"Me robaron mi cartera con dinero en efectivo, todos mis papeles, mi cédula, mi teléfono celular, una gorra y hasta los lentes"; señaló el testigo.

Denunció que el robo de identificación de los manifestantes es para luego perseguirlos en sus hogares y sembrarles falsas evidencias.

"Yo pude huir, pero hace una semana a un amigo cercano se lo llevaron detenido y lo violaron con el arma, se la introdujeron por el ano. Para liberarlo los mismos GNB estaban pidiendo USD $2000 en efectivo"; denunció.

En seguida apuntó:

-Las declaraciones de este testigo coinciden con la denuncia del diputado carabobeño Marco Bozzo, quien aseguró que vio a funcionarios de la GNB golpeando y robando a civiles en el Estado Carabobo.

Otro testigo que decidió declarar a PanAm Post en condición de anonimato relató que mientras se encontraba en la caravana del pasado 13 de mayo en el Estado Carabobo, un funcionario intentó romperle el vidrio del carro con el arma que llevaba; pero como el ataque fue infructuoso, decidió disparar una bomba lacrimógena adentro del carro.

"Mientras estábamos en la autopista, los carros se pararon, nos bajamos y vimos que estaba la GNB y la PNB [Policía Nacional Bolivariana] en un puente y comenzaron a lanzar bombas lacrimógenas a las personas y a los autos; la gente comenzó a correr y nos metimos en la camioneta; un pelotón de la GNB comenzó a lanzarnos bombas y una cayó encima del techo del carro, luego un funcionario le dio al vidrio con la punta de la escopeta con la que lanzan las bombas, le dio duro, como no logró romperlo disparó la bomba. En el carro había (sic) seis personas, les gritábamos que no nos dispararan".

En otra parte del reportaje Sabrina Martín destacó que "Gracias a las redes sociales y a los pocos medios de comunicación independientes que quedan en Venezuela; videos y fotografías revelan la brutal represión por parte de la PNB y de la GNB."., que además "Los funcionarios detienen a personas completamente desarmadas y las golpean de forma criminal".

Igualmente reveló que el pasado 5 de mayo, el entonces gobernador del Estado Miranda, Henrique Capriles, denunció que la dictadura de Nicolás Maduro está uniformando a presos para reprimir las manifestaciones opositoras.

"Hicieron una prueba en la ciudad de Maracaibo [Estado Zulia] utilizando a privados de libertad para reprimir todas las manifestaciones opositoras", denunció el gobernador Capriles, quien aseguró que "pretenden utilizarlos, uniformarlos y ponerlos al frente de la represión".

Según Avendaño, "No obstante, algunos periodistas, como Blanca Vera Azaf, aseguran que esa es una información que se tiene desde hace un tiempo".

Sobre esta nueva arbitrariedad de la narcodictadura de usar presos para reprimir a opositores escribió Orlando Avendaño en el mismo portal panameño el 5 de mayo de 2017, haciéndose eco de la denuncia del exgobernador del Estado Miranda, que el régimen de Nicolás Maduro está uniformando a presos para reprimir las manifestaciones opositoras. Según Capriles, Iris Varela y Néstor Reverol, son quienes comandan toda la represión en el país por parte de los paramilitares y de la Policía Nacional. Cabe recordar que el 23 de febrero de 2019 no pudo ingresar a Venezuela la ayuda humanitaria que venía para Venezuela desde Cúcuta, vía Ureña, Estado Táchira, porque las fuerzas represivas de la narcodictadura lo impidieron. En esa oportunidad se vio a Iris Varela, entonces titular del Ministerio de Servicios Penitenciario, acompañada de presidiarios con armas de guerra. Ella se ufanaba en decir que armaría a los 40 mil presos comunes para defender lo que los chavistas llaman revolución bolivariana. Proclamaba también que en las cárceles era conocida como la comandante

La periodista Martín expresó más adelante:

-Según algunos usuarios de la red social, esto es lógico porque "el comportamiento de algunos es evidentemente no profesional y de violencia común".

En las últimas semanas los venezolanos han tenido que presenciar una brutal represión por parte de las fuerzas represoras del Estado venezolano. En algunos casos se ha denunciado un ensañamiento criminal en contra de la oposición.

Posteriormente puntualizó que en uno de los videos publicados en las redes social se ve cómo un miembro de la Policía de Carabobo se acerca al cuerpo del joven Hecder Lugo, tirado en el piso, y le dispara en la cabeza.

De la barbarie de la Guardia Nacional no se salvan ni los perros. En su cuenta en Twitter Heberlizeth González @Heberlizeth escribió: "A "Negra" la hirieron de perdigón en Tulipán por ladrar a los GN y PNB cuando reprimían #15May"

Activistas de Derechos Humanos entregaron informe al PNUD

El 18 de mayo de 2022 el portal Al Navío, con información de EFE, reportó:

-Un grupo de activistas de derechos humanos de Venezuela y familiares de los llamados "presos políticos", acompañados por el opositor Juan Pablo Guanipa; entregaron este miércoles en la sede del Programa de las Naciones Unidas para el Desarrollo (PNUD) en Caracas un informe en el que denuncian la situación de los reos y exigen su liberación.

Guanipa dijo a Efe que en el documento "se está pidiendo" la liberación "de los presos políticos" y que, mientras tanto; se les garantice "el derecho a la protección de su salud y el derecho al debido proceso".

El informante agregó:

-No puede ser posible que tengamos personas que tienen cuatro años detenidas, como es el caso, por ejemplo, del capitán de navío Luis de la Sotta, que hoy cumple cuatro años detenido y no tiene juicio. (...) Si ese juicio sale absolutorio; ¿quién le paga esos cuatro años que estuvo detenido? No hay debido proceso para las personas que han perdido su libertad", aseguró el opositor.

De igual modo señaló que el informe fue organizado por la sociedad civil, que ha decidido "salir a pelear por la liberación de los presos políticos"; así como por "el recuerdo y por la justicia de las personas que murieron en las manifestaciones en Venezuela".

Guanipa indicó además que el documento será llevado a la comisión que preside la alta comisionada de las Naciones Unidas para los Derechos Humanos, Michelle Bachelet; para que "tenga insumos para los próximos informes que tiene que aportar".

Al Navío recordó asimismo que "El pasado abril, Guanipa y un grupo de ciudadanos protestaron ante el PNUD para exigir la libertad plena de los detenidos que el antichavismo y diversas organizaciones consideran presos políticos".

Por otro lado, la ONG Foro Penal aseguró en su último balance, al 16 de mayo, que en Venezuela hay 237 personas detenidas por motivos políticos.

Rufo Chacón perdió la visión en una protesta pacífica contra la escasez de gas doméstico

El lunes 1 de julio de 2019 un efectivo de la Policía del Estado Táchira disparó sobre el rostro del estudiante Rufo Chacen Paradas 52 perdigones, de los cuales ocho ingresaron al globo ocular derecho y cuatro en el izquierdo, lo que le hizo perder la visión.

Sobre ese criminal hecho, que conmovió a todo el universo, escribió para el portal El Pitazo Mariana Duque que la víctima, la tarde de ese siniestro día, se encontraba en una manifestación por gas doméstico en la autopista San Cristóbal-La Fría.

El entonces presidente de la Corporación de Salud del Estado Táchira, Luis Ramírez, en su primera declaración a los medios de comunicación social, informó.

-Lamentamos informar que perdió la visión de manera permanente. En este momento hay un equipo multidisciplinario evaluando el área de psicología y de cirugía, para mejorar desde el punto de vista estético".

Añadió que, aunque el menor tiene múltiples heridas en el rostro, logrará mejorar con el paso de los días y el tratamiento que adelantan, el cual incluye la colocación de prótesis.

Por su parte la madre del joven, Adriana Parada, dijo:

-Mi hijo tiene el rostro totalmente desfigurado, le arruinaron la vida a mi hijo, mi hijo se quiere morir, no quiere la vida. La vida de él era ver cada día, era un niño tranquilo. Mi hijo no es ningún guarimbero, ni de la casa sale, simplemente me ayudó a sacar el gas.

Reiteró que Víctor, a quien identifica como el encargado del gas en San Cristóbal, les advirtió la tercera vez que fue a pedirles que cesaran la tranca que algo les venía y minutos después llegaron más de 20 funcionarios policiales golpeando a los manifestantes y disparando perdigones sin usar bombas lacrimógenas.

-Mi hijo –explicó- lo que hizo fue agarrar la bombona de gas para retirarnos y la policía vino y le disparó en la cara. Mi hijo no es un animal para que le dispararan así; me le desgraciaron la vida".

La madre pidió justicia no solo contra quienes le dispararon a Rufo, sino también al resto de quienes estaban en el operativo, por las agresiones, pues a su hijo de 14 años también lo golpearon en la cabeza con un rolo, a otro le fracturaron el cráneo y hay varios heridos de perdigón.

De igual modo, solicitó una medida de protección del Ministerio Público, pues teme que por tratarse de autoridades policiales les hagan algo a ella o a su familia.

-Si algo le pasa a mi familia –advirtió- hago responsable a las autoridades, a todos, al que sea. Lo único que pido es justicia y que paguen todos los policías que estaban", dijo, al tiempo que solicitó que les muestren a los ciudadanos quiénes fueron los que dispararon.

Añadió que su hijo es un niño tranquilo que tenía su último examen este viernes, pues ya se graduaba de bachiller.

-Le gustaba reveló- arreglar computadoras y teléfonos celulares, por lo que esperaba estudiar ingeniería informática.

Asimismo, reveló su intención de recurrir a instancias internacionales para denunciar la agresión policial y que no cesaría hasta lograr que se haga justicia en este caso.

> *El motivo de esa salvaje agresión contra Rufo Chacón residió en la visita que haría el entonces ministro del Interior, Justicia y Paz, Néstor Reverol al Estado Táchira y los cuerpos de represión querían demostrarle que en esa jurisdicción todo estaba en calma.*

El martes, Don Omar, cantante puertorriqueño, a través de la red social Instagram, condenó la agresión policial en los siguientes términos: "Que lo sepa el mundo. Así terminó un joven de 16 años listo a graduarse luego de salir a protestar por falta de gas en su región. Un cobarde soldado le disparó a quemarropa en la cara logrando dejarle ciego de ambos ojos".

Juan Guaidó, presidente interino de la República, tildó de "sádico" el ataque a Rufo Chacón y prometió justicia

"No nos acostumbramos con Geraldine, ni con Albán, ni con Acosta Arévalo", expresó.

El mismo día la AFP publicó un reportaje que tituló "A Maduro le crece la factura por violaciones a los Derechos Humanos", donde se lee:

-La madre de un venezolano de 16 años que perdió sus ojos tras recibir disparos de perdigones por la policía en una protesta clamó "justicia" en relato a la AFP, en un caso condenado por la oposición e investigado por la justicia.

"Quiero justicia, justicia, justicia", repetía este martes 2 de julio Adriana Parada, madre de Rufo Chacón, a las afueras del hospital de San Cristóbal, la capital de Táchira, donde su hijo es atendido.

Según Parada, de 36 años, el joven participaba en una manifestación el lunes en la localidad de Táriba -a 10 minutos de San Cristóbal- fue impactada en el rostro con perdigones de goma que dispararon efectivos policiales.

"Mi hijo perdió los ojos solo por ayudarme a pedir el gas que necesitamos", lamentó entre sollozos.

La AFP añadió:

-El médico Luis Ramírez, a la cabeza del equipo de especialistas que asistió a Rufo, confirmó a la AFP que "el niño recibió 52 disparos perdigones en el rostro, lo que hizo que posteriormente perdiera completamente su visión".

Los funcionarios dispararon "a quemarropa" a menos de un metro de los manifestantes, dijo a la AFP el diputado del consejo legislativo regional, Juan Carlos Palencia.

"No nos acostumbraremos, no dejaremos de llamarlos asesinos", dijo el líder opositor Juan Guaidó -reconocido como presidente encargado de Venezuela por medio centenar de países-, al tildar lo ocurrido como un "sádico acto".

El fiscal general, Tarek William Saab, informó que dos policías de Táchira fueron detenidos y "serán severamente sancionados ante esta violación" de los derechos humanos.

Puro cinismo del fiscal general de la narcodictadura, ya que los policías responsabilizados de la agresión permanecieron en sus comandos. Además, para nada tocó la cadena de mando, el director de la policía y quienes estaban formando parte de la salvaje represión en contra de ciudadanos que reclamaban su derecho a disponer de gas doméstico. Ese sumiso funcionario es cómplice de la barbarie de los cuerpos represivos de la narcodictadura. Rufo Chacón y su hermano fueron posteriormente detenidos y esposados por funcionarios del Cuerpo de Investigaciones Científicas, Penales y Criminalísticas acusados falsamente de robarse una motocicleta. El jefe de la delegación de ese cuerpo policial en San Cristóbal, Estado Táchira, le reclamó al joven víctima de la barbarie represiva de la narcodictadura que en sus declaraciones a los medios de comunicación social se expresara mal del régimen castro-chavista-

madurista-militarista.

Recordó que "El hecho se produce en medio de la conmoción causada por la muerte, el sábado, del capitán de corbeta Rafael Acosta Arévalo, detenido por su presunta vinculación en un plan para asesinar al mandatario Nicolás Maduro".

En el reportaje la AFP se lee también:

-Le arruinaron la vida, mi hijo se quiere morir", declaró a periodistas la madre del estudiante, que reparaba celulares para ayudar en los gastos de su casa.

Denunció además que desde hace tres meses no cuentan con servicio de gas.

"Estamos en dictadura, por reclamar por una bombona de gas lo dejaron sin visión. Mi sobrino no quiere vivir", afirmó el tío del adolescente, William Parada.

El general Jesús Arteaga, director de la Policía de Táchira, sostuvo por su parte que se trata de "un hecho aislado". "Repudiamos este hecho de dos funcionarios (...) en ningún momento violamos los derechos humanos", dijo en rueda de prensa.

Las deficiencias en la distribución de gas -monopolizada por el gobierno a través de la estatal petrolera PDVSA- se han acentuado en el último año en varios estados del país, dando lugar a recurrentes protestas.

Al final del despacho se señala que "En lo que va de 2019 la ONG Observatorio Venezolano de Conflictos (OVCS) "ha contabilizado 416 protestas solo por este servicio" y que "Táchira, al igual que la mayoría de las regiones del interior del país, registra frecuentes apagones que se han recrudecido desde marzo, así como dificultades en el surtido de combustible y agua.

Sobre las declaraciones emitidas por el ilegítimo fiscal general de la República y el director de la Policía de Táchira es preciso hacer las siguientes observaciones:

a) Tarek William Saab no dice en su declaración que los autores materiales de la agresión a quemarropa en contra de Rufo Chacón quedaron detenidos en su propio comando y no en un centro penitenciario como manda la ley.

b) Los policías detenidos bajo condiciones privilegiadas de reclusión actuaron bajo las órdenes de sus jefes inmediatos.

c) El general Jesús Arteaga mintió descaradamente durante la rueda de prensa que cita la AFP cuando aseguró que la salvaje agresión policial en contra de Rufo Chacón era un hecho aislado y que en ningún momento POLITACHIRA viola los derechos humanos, pues hay una política terrorista del usurpador Nicolás Maduro dirigida a neutralizar violentamente, en contraste con las normas constitucionales, toda manifestación, inclusive aquellas pacíficas de reclamo de un servicio público. Este militar es autor intelectual de ese abominable hecho, como los son también el llamado protector del Táchira, Freddy Bernal, el ministro de Relaciones Interiores, Néstor Reverol y, por supuesto, el usurpador Nicolás Maduro.

Fuente: Esta información fue tomada de El Carabobeño, 2 de julio de 2019

La Guardia Nacional agredió a mujeres en Maracaibo

El martes 2 de julio de 2019, un fuerte estruendo alertó a los vecinos de la Circunvalación Uno de Maracaibo: la subestación eléctrica Miranda explotó minutos después de que una leve lluvia cayera en la ciudad.

Mariela Nava @navamariela, del portal CRÓNICA UNO, se refirió a ese hecho en los siguientes términos:

-Una noche de terror", así describió Antonio Chávez, habitante de Socorro, lo ocurrido. "Comenzó a lloviznar y de repente el cielo se puso de todos colores, corrí y bajé todos los breques, pero el estruendo fue horrible. La gente pegaba gritos, los muchachitos lloraban y los aparatos hacían chispa".

Este martes, los vecinos del parcelamiento Arismendi, Socorro, Cinco de julio, La Esperanza, Libertador uno y dos, Sabaneta, Barrio Tricolor, Concepción Palacios, Pomona, San José, Claveles, Santa Rosalía y Buena vista cerraron la Circunvalación Uno, frente a la subestación, para protestar debido a que ya suman más de 20 horas sin servicio eléctrico. Al menos 800 familias están afectadas y 60 electrodomésticos se quemaron.

Johana Gutiérrez, ama de casa, salió a protestar, pero fue reprimida por la Mancomunidad Policial y efectivos de la Guardia Nacional Bolivariana. "Salimos a hacer presión porque no puede ser que nadie nos asiste, no ha venido nadie y Corpoelec lo que nos dice es que tenemos que esperar. Ellos creen que los trabajos se tardarán de 5 a 6 días y no podemos aguantar tanto. Aquí hay niños, adultos mayores, gente hipertensa, con cáncer y la poquita comida que tenemos ya se está dañando por el calor insoportable que hay. Esto es horrible", dijo la mujer a punto de llorar.

Mariela Navas añadió:

-Se conoció que durante la manifestación tres mujeres fueron agredidas por la GNB física y verbalmente. "Nos asustamos porque esa gente llegó disparando perdigones y como les dijimos que no dispararan, nos agredieron. Nos golpearon y nos gritaban cosas. Nos amenazaron que si volvíamos a protestar ya sabíamos lo que iba a pasar, pero sabemos que si no lo hacemos nos dejan sin luz para siempre porque aquí no hay dolientes. Gracias a Dios no hay heridos", dijo una de las agredidas, que prefirió el anonimato.

La FAES opera como una fábrica de ejecuciones en zonas populares

La Fuerza de Acciones Especiales, elogiada por el narcodictador Nicolás Maduro y cuya disolución recomendó la Alta Comisionada para los Derechos Humanos de la ONU, Michelle Bachelet, se ha convertido en una fábrica de ejecuciones extrajudiciales en las zonas populares, según se evidencia en el reportaje publicado por las periodistas Gabriela Rojas y Zulvyn Díaz, de TalCual, el 4 de julio de 2019.

Cabe recordar que, al mejor estilo nazista, Maduro calificó estas razias criminales de limpieza social.

Escribieron las periodistas que "En apenas un año las ejecuciones extrajudiciales representaron 89% de los casos de violación al derecho a la vida en Venezuela", responsabilizando a la Policía Nacional "de al menos 30% de las muertes, lo que se vincula directamente con el protagonismo que tomó la división FAES", cuyos abusos fueron reportados en el informe 2019 sobre la violación de los derechos humanos presente ante la ONU por la Alta Comisionada de Naciones Unidas para los Derechos Humanos, Michelle Bachelet, donde también recomendó su disolución.

Este fue uno de los casos que respaldaron el reportaje investigativo de las dos periodistas:

- "Vístete y sal", fue la orden que recibió Luis Alfredo Ariza, de 21 años, cuando un grupo de funcionarios de la Fuerza de Acciones Especiales (FAES) de la Policía Nacional Bolivariana (PNB), irrumpió en la casa donde vivía con su pareja, en Las Adjuntas. Era lunes 13 de mayo, 4:30 de la madrugada.

Luis Alfredo solo tuvo tiempo de ponerse un pantalón y una franela mientras los seis funcionarios -una mujer y cinco hombres uniformados de negro- lo sacaban del cuarto y lo hacían arrodillarse en la pequeña sala de la casa. Su pareja, Giorgelis Campos, gritaba desde el cuarto "¿a dónde se lo llevan, por qué se lo llevan?" y apenas alcanzó a ver cuándo le pusieron una funda en la cabeza.

"La femenina se quedó en el cuarto y me trancaba el paso. Mi hija estaba llorando en la cama y yo le gritaba a mi mamá que estaba en el piso de abajo porque no me dejaban salir. La mujer me decía 'cállate, no empeores las cosas, a ese lo traen ahorita, nada más lo van a radiar", narra Campos.

A los ocho minutos sonó un disparo. Giorgelis lo recuerda claramente porque vio la hora en un reloj que tenía al frente. Luego sonó otro tiro. A pocos metros, en una vereda estrecha quedó tirado el cuerpo de Luis Alfredo, que agonizó durante unos minutos. Un sobrino de 11 años de Giorgelis se había asomado por la ventana y vio al muchacho tirado en el piso sosteniéndose el pecho, sin poder distinguirlo. Era alguien tirado en la vereda que apenas podía respirar, emitiendo bufidos y tratando de aguantar el chorro de sangre que le brotaba desde el tórax.

Esos dos tiros los escuchó a lo lejos Miriam Gamarra, la mamá de Luis

Alfredo, mientras bajaba de su casa para irse a trabajar. Vio la comisión, las camionetas y el rebullicio de los funcionarios rondando desde la madrugada, pero siguió de largo. Una vez en el autobús, llamaba y llamaba al teléfono de su hijo y su nuera. Nadie atendió. Se enteró de lo que estaba pasando casi a las 7 de la mañana, cuando por fin los funcionarios dejaron salir a Giorgelis de la casa. La sangre ya se enfriaba.

"No dejaban pasar a nadie al lugar donde estaba mi hijo y se lo llevaron sin que llegara el CICPC. Lo dejaron tirado en el (hospital) Pérez Carreño y ya estaba muerto", cuenta Gamarra.

Las periodistas explicaron que "La versión oficial que apareció en la minuta policial fue que el joven se había enfrentado a la comisión".

Pero para la madre, "Un disparo no es enfrentamiento. Eso fue un ajusticiamiento. Los funcionarios del FAES pusieron una pistola y una gorra allí donde mataron a mi hijo, por supuesto que lo sembraron".

También fue respaldado por el caso de Luis Alfredo Ariza, quien estaba bajo régimen de presentación cada 30 días porque fue detenido en abril de 2017 durante unas protestas de calle.

-No tenía más antecedentes penales, -se lee en el reportaje- ni había sido acusado de ningún delito. Hasta ahora, la familia no tiene conocimiento de por qué el FAES entró en esa casa, esa madrugada, a buscarlo.

"Lo único que nos dicen es que hay una orden 'de arriba' de ejecutar a los que están en presentación. Aquí matan a la gente pobre en su propia casa y el FAES sigue haciendo de las suyas, matando a nuestros hijos a diestra y siniestra", se lamenta Miriam, mientras muestra en su teléfono la foto de su único hijo, tomada días antes de esa madrugada en la que les tocó la ruleta fatal que el FAES va sembrando en las zonas populares.

Según cifras de Provea, entre 2017 y 2018 este tipo de ejecuciones representaron aproximadamente 89% de los casos de violación al derecho a la vida en Venezuela. Estos números se corresponden con los datos que señalan que apenas 7% de los policías que han sido víctimas de muertes por armas de fuego realmente se encontraban en un enfrentamiento armado.

Las periodistas explican que "Testimonios de familiares de las víctimas recabados en la sede de la medicatura forense de Bello Monte, en Caracas, presentan poca variación en lo que constituye "el modus operandi" de este cuerpo policial, un "grupo exterminio", como lo califica Provea, cuya actuación dista de ser preventiva o de aplicación de la ley.

-Uno tras otro, -escriben- los familiares llegan a la morgue a recoger los cuerpos y narran lo mismo: irrupciones en las casas -muy tarde en la noche o en la madrugada- caracterizadas por violencia y agresiones a mujeres, niños, adultos mayores o personas con discapacidad. Por lo general, en las comisiones hay una o dos funcionarias..., que controlan a los presentes o los sacan a la fuerza para que no puedan saber a dónde se llevan al detenido; les dicen que "los van a radiar" (revisar los antecedentes penales). Las víctimas son amedrantadas, "ruleteadas" en patrullas por varias zonas, abandonados en cualquier área de la ciudad.

Según la fuente periodística, "Las víctimas usualmente son hombres jóvenes, menores de 25 años, que viven en sectores populares y son ejecutados con disparos a la altura del tórax o en la cabeza" y "La mayoría de las muertes ocurren dentro de las viviendas o en los alrededores". Precisan que "Muchos de los caídos tienen reseñas policiales, sin embargo, no todos estuvieron involucrados en delitos".

Más adelante se lee:

-Una vez ejecutados –revela el reportaje- la minuta policial se refiere a estas muertes como "dados de baja" o "neutralizados". Pero los testigos y los familiares relatan que los uniformados realizan disparos aleatorios al aire para simular el enfrentamiento, levantan el cuerpo envuelto en sábanas y lo llevan al centro asistencial más cercano, a pesar de que la tarea le correspondería al Cuerpo de Investigaciones Científicas, Penales y Criminalísticas (CICPC).

Ese organismo sustituyó a la no menos siniestra OLP y "En los testimonios, otro elemento común es que las familias denuncian que los funcionarios los roban", ya que "Es común que, durante los procedimientos, los testigos señalen que se llevaron dinero de las casas, comida, ropa, zapatos, perfumes, prendas y hasta equipos electrodomésticos", a lo cual se añade "que permanecen durante horas dentro de las viviendas, sin permitir que entren sus habitantes".

Actúan como unos verdaderos monstruos, pues "No tienen respeto por nada, los funcionarios se orinaron sobre los santos del altar", indica una madre en la morgue al relatar la irrupción a su vivienda en el barrio Carpintero de Petare, en un hecho que terminó con su único hijo muerto, de 19 años.

Este fatídico cuerpo policial de represión fue creado mediante decreto por el narcodictador Nicolás Maduro el 26 de abril de 2016 y activado el 14 de julio de 2017, "para combatir el crimen y el terrorismo".

Se inició con un componente de 80 funcionarios y para enero de 2019, tenía en sus filas a más de 1.417 uniformados, entre hombres y mujeres.

Sus miembros actúan con la cara tapada, bien con una horrible máscara con un pasamontaña. En el uniforme llevan un cráneo que los identifica.

Se consideran la pesadilla de los delincuentes, los que no desmayan, los que no descansan, los protectores del pueblo.

Sin embargo, opera con un enfoque belicista.

Provea, citada por las periodistas, sostiene en el informe Uso de la fuerza pública y Derecho a la vida que "El auge de este grupo representa un caso de "hipertrofia policial", ejemplificando "el crecimiento acelerado y desmedido de la institución policial", porque la Policía Nacional, componente al cual pertenece FAES, "En 2012, apenas a tres años de su creación contaba con 6.707 oficiales y dos años después, había alcanzado 14.739 funcionarios. Para que esto ocurra en un lapso tan breve se relajan los criterios de reclutamiento, selección y capacitación. De esta manera salen a la calle miles de jóvenes armados sin haber pasado por procesos de selección y formación".

En realidad, no es un grupo para combatir el crimen, pues sus operativos son al estilo de "grupo exterminio" y en otros cuerpos policiales pesan numerosas denuncias por delitos de homicidio, robo, hurto y cobro de vacunas cometidos por funcionarios activos de FAES, acusaciones que también reposan en el despacho del ilegítimo titular del Ministerio Público, pero en el fondo de los archivos.

Hay más víctimas.

"Eran las 5:20 am, del miércoles 24 de abril. Leonardo estaba durmiendo, cuando abrieron la puerta a patadas y entraron los del FAES", relata una tía de Leonardo David Yajure, de 17 años, asesinado por una comisión en Ruíz Pineda, municipio Libertador de Caracas.

"Mi sobrino estaba en casa de un amigo en el sector Los Telares", narra la mujer. "Leo se quedaba ahí cuando venía a Caracas a comprar panes para vender en Santa Teresa, en Los Valles del Tuy. Eran más de seis policías; golpearon e insultaron a los muchachos y a Leo lo obligaron a ponerse un uniforme negro como el de ellos y lo sacaron de la casa encapuchado". Todavía estaba oscuro cuando lo hicieron andar a ocho casas de distancia, hasta donde residía su tío Javier Alberto Morón, de 27 años, quien también fue asesinado ese día.

El grupo de hombres irrumpió en la vivienda y la esposa de Morón, que dormía con su marido y el hijo de ambos, de dos meses de edad, fue sacada por la fuerza de la casa. Un testigo asegura que las víctimas fueron golpeadas y obligadas a posar con armas de fuego mientras las fotografiaban.

A Javier Morón le dieron dos tiros en la espalda y a Leonardo Yajure lo obligaron a correr, pero se negó y le dieron un tiro en la parte posterior del cráneo. Ambos cuerpos fueron envueltos en sábanas y trasladados por los propios funcionarios hasta el Hospital Miguel Pérez Carreño.

El 31 de marzo, otra comisión FAES detuvo a un funcionario de la Policía de Miranda, Luis Fernando Abache Rodríguez, de 24 años, cuando estaba sentado con un primo frente a su residencia, en el barrio Vicente Emilio Sojo de Guatire.

Los testigos informaron que al hombre "se los llevaron vivo" y que además se identificó como funcionario de POLIMIRANDA. Pero Abache apareció muerto en un centro de salud, con dos tiros en el pecho. Siguiendo el patrón, la versión oficial indica que la víctima murió durante un enfrentamiento.

El hecho causó protestas en la zona. Los residentes del sector exigieron justicia. Los funcionarios del Instituto Autónomo de Policía del Estado Miranda (IAPEM), región 7, que abarca al eje Guarenas-Guatire, también manifestaron y dijeron que "la profesión pone en riesgo sus vidas, pero no sólo ante la delincuencia, ahora también hay que cuidarse de las FAES, un brazo hamponil que con sus caras encapuchadas hacen lo que les da la gana".

Especialistas en DDHH denominan a este tipo de acciones "masacre por goteo", que se refiere a "toda práctica de homicidio de un número considerable de personas por parte de agentes de un Estado o de un grupo organizado con control territorial, en forma directa o con clara complacencia de estos, llevada a cabo en forma conjunta o continuada".

En este contexto, incluso la alta comisionada de las Naciones Unidas para los Derechos Humanos, Michelle Bachelet, afirmó durante la presentación del informe oral sobre la situación venezolana en la sesión del Consejo de DDHH de la ONU, el 20 de marzo de 2019, que la fiscalía general venezolana "se ha negado explícitamente" a iniciar investigaciones contra funcionarios de FAES".

En el informe final emitido por su oficina, Bachelet exige al Estado venezolano la disolución por completo de la FAES y que "establezca un mecanismo nacional imparcial e independiente, con apoyo de la comunidad internacional, para investigar las ejecuciones extrajudiciales llevadas a cabo en el curso de operaciones de seguridad, asegurar que sus responsables rindan cuentas, así como que las víctimas sean reparadas".

El usurpador Nicolás Maduro no solamente hizo caso omiso de la recomendación que en su informe 2019 hiciera Bachelet de disolver dicho cuerpo represivo, sino que públicamente lo apoyó.

> *Cabe citar que el oficial Remigio Ceballos, a cargo de la masacre de El Junquito que cobró la vida del inspector de la CICPC Oscar Pérez y sus acompañantes fue premiado con la jefatura de ese siniestro cuerpo de exterminio de la narcodictadura. Para mayo de 2022 era el ministro del Interior, Justicia y Paz. Ese mismo mes su nombre apareció entre los 23 generales corruptos que tienen dinero robado a los venezolanos en bancos rusos y no podrá recuperar debido a la invasión de Ucrania por parte de fuerzas militares del dictador Vladimir Putin, aliado de Nicolás Maduro.*

El 5 de julio de 2019 la Oficina de las Naciones Unidas para los Derechos Humanos, con sede en Ginebra, Suiza, dio a conocer el informe levantado por la Alta Comisionada Michelle Bachelet en el cual se insta al gobierno del usurpador Nicolás Maduro a "detener y remediar las graves vulneraciones de derechos económicos, sociales, civiles, políticos y culturales" en Venezuela.

El citado documento advirtió que "si la situación no mejora, continuará el éxodo sin precedentes de emigrantes y refugiados que abandonan el país", que supera ya los cuatro millones de personas.

También denunció que, en el último decenio, especialmente desde 2016, la Administración de Maduro y sus instituciones han puesto en marcha una estrategia "orientada a neutralizar, reprimir y criminalizar a la oposición política y a quienes critican al Gobierno".

Sobre ese informe los analistas Félix Arellano y Milagros Betancourt, entrevistados por José Luis Carrillo, de TalCual, coincidieron en que, aparte de la diplomacia mostrada por la Alta Comisionada para los DDHH de las Naciones Unidas en su visita a Venezuela, la contundencia de este será absoluta y "conducirá a una nueva etapa en el seguimiento de la situación venezolana".

El periodista autor del reportó recordó que "Ya en el informe oral emitido por Bachelet el pasado 20 de marzo, la Alta Comisionada manifestó una profunda preocupación por la reducción del espacio democrático en Venezuela, en particular por la criminalización de las protestas y disidencias pacíficas" e "Indicó que su oficina documentó numerosas violaciones y abusos de derechos humanos perpetrados por las fuerzas de seguridad y los colectivos armados progubernamentales, incluyendo el uso excesivo de la fuerza, asesinatos, detenciones arbitrarias, torturas y malos tratos en condiciones de detención, así como actos de amenaza e intimidación".

Carrillo observó que el documento se refiere "al ejercicio de los derechos sociales y económicos, los que, aseguró, han seguido deteriorándose continuamente, y advirtió que las autoridades venezolanas se han negado a reconocer las dimensiones y la gravedad de la crisis en materia de cuidados médicos, alimentación y servicios básicos".

Además puntualizó que "El 19 de junio, Bachelet llegó a Venezuela para una visita que generó una fuerte polémica", ya que "Por una parte, hubo desde aquellos que aseguraron que su presencia en el país sirvió para legitimar al mandatario y los que, como el dirigente opositor Carlos Vecchio, la acusó de complicidad, pasando por la posición del Foro Penal, que indicó que la visita no fue efectiva ni generó los resultados esperados, hasta los que señalaron, como el del diputado Williams Dávila, quien enfatizó que la presencia de la Alta Comisionada dejó al desnudo "el carácter fascista del gobierno de Maduro".

La fuente apuntó que, "No obstante el carácter diplomático de la visita, Bachelet tuvo palabras duras contra el gobierno en el comunicado que emitió justo antes de irse del país", en el cual "Informó que se realizaría una evaluación de la Comisión Nacional para la Prevención de la Tortura y para determinar los principales obstáculos en el acceso a la justicia en Venezuela, y expresó que "fue profundamente doloroso escuchar el anhelo de las víctimas y sus familiares por obtener justicia ante las graves violaciones de derechos humanos".

A juicio de Carrillo, "En un solo párrafo del texto confirmó que existe la tortura en Venezuela y reafirmó que se están dando graves violaciones de los DDHH",

En ese comunicado "También pidió al gobierno liberar a todas las personas que se encuentran detenidas por ejercer sus derechos políticos y dio a conocer que escuchó "el testimonio de un hombre que me explicó cómo su hermano fue torturado, humillado y asesinado por oficiales encapuchados de la FAES que allanaron su casa, así como muchas otras familias destrozadas porque sus seres queridos tuvieron el mismo destino".

El texto periodístico reveló que "Momentos después de la partida de Bachelet, un grupo de oficiales de la Fuerza Armada Nacional (FAN) fue aprehendido bajo acusaciones de presunta conspiración, y cuatro días más tarde, al ser llevado a la audiencia de presentación, uno de los detenidos, el capitán de corbeta Rafael Acosta Arévalo, tuvo que ser enviado de emergencia a las instalaciones de El Hospitalito, ubicado en Fuerte Tiuna, falleciendo en el camino, por el estado en que se encontraba a consecuencia de los maltratos de los que fue objeto en la sede de la Dirección General de Inteligencia Militar (DGCIM)".

Sobre ese criminal hecho la Alta Comisionada se declaró "profundamente conmocionada" por el asesinato del oficial, refirió Carrillo, quien preguntó a sus entrevistados:

- ¿A qué sitios va el alto comisionado? ¿A Suiza? ¿Noruega? ¿Canadá?

-Va donde la situación es grave, de desastre. Ya el venir es una clara señal de que la situación en Venezuela es grave. Quiero que me digan qué cara se lava si está confirmando que la situación es tan grave que no es suficiente que venga una comisión como la que vino en marzo, sino que debe ir en persona el alto comisionado. No es ninguna señal positiva", sostuvo Félix Arellano.

Añadió que, en su opinión, lo que el mundo lee es que vino a Venezuela por el desastre humano que se vive.

-Obviamente –precisó- que las Naciones Unidas no han reconocido al señor Guaidó como presidente interino, no puede hacer ella lo contrario a lo que le instruye su institución. Si Naciones Unidas sigue contemplando a Nicolás Maduro como representante ante esa institución ella tiene que respetar eso.

Igualmente Indicó "que fue una visita corta pero exhaustiva, en la que todas las personas e instituciones que tenían denuncias importantes tuvieron acceso a ella" y al resaltar la dureza del informe oral de marzo, sostuvo que le parece que las críticas a la visita de Bachelet las propicia el propio gobierno para dividir y crear un clima de incertidumbre.

Por su parte, la abogada Milagros Betancourt respondió que se debe tomar en cuenta que Bachelet vino invitada por el gobierno, como ella misma lo señaló en el comunicado, y que en estos casos "hay que cumplir con ciertos protocolos, y de alguna manera tiene que atender a las autoridades del gobierno de Maduro".

Sin embargo, cuestionó un par de detalle" de la estadía de la expresidenta de Chile en Venezuela.

-Hay dos elementos a resaltar, lo primero es que se hubiera reunido con Diosdado Cabello, porque la Asamblea Constituyente es una institución que prácticamente no es reconocida por el mundo y sabemos su origen y legitimidad y todo eso; lo segundo es que en su comunicado ella motivó a los actores políticos a que se incorporaran a las negociaciones de Oslo, Noruega, lo que no le compete porque es un tema político y no de derechos humanos.

A pesar de ello, estimó que Bachelet estuvo bien y que en su comunicado destacó exactamente "las cosas gravísimas que se viven en este país"

Respecto a la nueva etapa que se iniciará una vez se conozca el informe, Félix Arellano estimó que definitivamente habrá más presión sobre el gobierno.

-En septiembre, en el período ordinario de sesiones del consejo de derechos humanos debería reiterarse la situación de Venezuela como tema en la agenda; reiterarse la necesidad de que siga realizándose la investigación, debería crearse una comisión especial que investigue, aprobarse los trámites para la creación de la oficina de los DDHH de las Naciones Unidas en Venezuela".

Del mismo modo precisó que esta instancia gozaría de autonomía e independencia dentro del sistema, y que es importante que "no esté dependiendo del representante de Naciones Unidas en Caracas, sino que tenga una oficina con personalidad propia. El solo aprobarlo sería una presión más sobre Nicolás Maduro y su equipo".

Por su parte Betancourt, a su vez, detalló que el Consejo tendrá que evaluar el informe y tomar decisiones como enviar una comisión o crear una relatoría especial para Venezuela.

-Puede, por ejemplo –dijo- designar un relator, que no requiere la autorización del gobierno de Venezuela porque el relator funciona en Ginebra y su objetivo será hacer seguimiento permanente, más allá del trabajo que haga la oficina de la alta comisionada.

Como era de esperarse, dada la naturaleza autoritaria de su régimen, el usurpador Nicolás Maduro mostró gran furia por el informe que desnudó ante el mundo democrático la violación sistemática de los derechos humanos en Venezuela y cínicamente negó por enésima vez que en su gobierno haya presos políticos.

En una extensa carta, los representantes de la narcodictadura ante la ONU acusaron a la Alta Comisionada de Derechos Humanos de tener una visión "parcializada" y "distorsionada" sobre la realidad del país.

El documento, titulado "Comentarios sobre errores de hecho del informe de la alta comisionada de Naciones Unidas para los derechos humanos sobre la situación de derechos humanos en la República Bolivariana de Venezuela", cuestiona el hecho de que la Alta Comisionada se haya entrevistado con las víctimas y desechado la versión oficial, privilegiando exclusivamente las fuentes carentes de objetividad y se excluye casi en su totalidad la información oficial, a pesar de toda la documentación y elementos aportados por el Estado. En consecuencia, "No es objetivo ni imparcial un análisis donde se privilegien al extremo los señalamientos negativos y se invisibilice o minimice los avances y medidas adoptadas en materia de derechos humanos.

En cuanto a la recomendación de otorgar libertad a todas las personas detenidas por motivos políticos los firmantes de la carta alegan que "Esta recomendación resulta inaplicable y por tanto equivocada, pues en Venezuela no existen personas detenidas por tal condición".

Pero resulta que según los datos suministrados por el Foro Penal Venezolano hasta el 1 de julio de 2019 la cifra de presos políticos ascendía a 630.

Premiado un general represor

El 9 de julio de 2019 Daisy Galavíz dio a conocer en la Web el historial delictivo y represivo del nuevo comandante de la Guardia Nacional, mayor general Fabio Enrique Zavarse Pabón

Según esa fuente, el referido oficial general fue señalado en 2014 de ordenar la represión de las manifestaciones cívicas para protestar en contra de la narcodictadura de Nicolás Maduro.

Por otro lado, ese militar fue señalado por Walid Makled en 2011 en la lista de funcionarios que lo ayudaron en sus actividades de tráfico de drogas.

Citando el portal Poderopedia Galaviz recordó que "En mayo de 2014, fue nombrado comandante del Comando Regional (CORE) número 5, que abarca los estados Miranda, Vargas y Distrito Capital", asumiendo tal responsabilidad tres meses después del 12 de febrero, cuando los acontecimientos y los asesinatos de las protestas denominada "La Salida" movilizó mayor cantidad de marchas, barricadas y represión.

Ante esta realidad, según Galaviz, el militar prometió: "Todas las alteraciones del orden público y las guarimbas serán avistadas y controladas por la Guardia Nacional Bolivariana".

En tal ocasión, políticos opositores denunciaron que la persecución a ciudadanos en manifestaciones, registrada por medios de comunicación nacionales e internacionales, fue ordenada por él.

A su historial hay que añadir que es uno de los cinco hombres que se encuentran sancionados por la comunidad internacional, junto a Vladimir Padrino López; Remigio Ceballos; el almirante Giuseppe Alessandrello y el mayor general Manuel Bernal Martínez, quienes tienen prohibido movilizar sus cuentas, transar sus bienes, hacer negocios e ingresar a 32 países.

Además, Zavarse fue sancionado por Estados Unidos el 5 de enero de 2018, y dos meses después, el 30 de marzo, el gobierno de Panamá adoptó la misma medida por ser considerado de alto riesgo por blanqueo de capitales, financiamiento del terrorismo y financiamiento de la proliferación de armas de destrucción masiva.

En mayo de 2022 la periodista Ibéyise Pacheco publicó una lista en la que ese general de opereta de la narcodictadura aparece con fondos irregulares en bancos rusos que no podrá recuperar debido a las sanciones internacionales contra el régimen de Vladimir Putin por invadir a Ucrania.

Represión contra protesta de pensionados y jubilados

El 31 de mayo de 2016, según reporte de El Estímulo y otros medios, el grupo antimotines de la Guardia Nacional impidió que un grupo de abuelos marcharan desde la plaza del Banco Central hasta el palacio de Miraflores, en donde esperaban exigirle a Nicolás Maduro la cancelación del bono de alimentación que fue aprobado por la Asamblea Nacional y que tiene el visto bueno del Tribunal Supremo de Justicia.

El Estímulo explicó:

-Los abuelos representantes del personal jubilado y pensionado del Instituto Nacional de los Seguros Sociales, habían organizado la movilización denominada la Macha de los Bastones, en donde participaron representaciones de todos los estados del país y cuyo punto de concentración era la plaza de la Moneda, en la parroquia Altagracia, pero cuando llegaron al lugar a tempranas horas de la mañana ya el espacio había sido tomado por los funcionarios de la Guardia Nacional.

Los manifestantes, con pancartas en mano, se concentraron en la acera del frente de donde se ubica la sede central de IVSS y allí fueron acorralados por los funcionarios de la GN, quienes a la fuerza les impidieron el paso hacia Miraflores.

Esto es un abuso, Nosotros tenemos el derecho de manifestar en la calle, de defender nuestros derechos, de exigir al Gobierno, al presidente Maduro, que afloje el dinero para el pago de este bono alimentario que el mismo ofreció y ahora se quiere hacer el loco", dijo la señora Mercedes Montilla, jubilada con 84 años.

Por su parte, Nilda Clemente, de 64 años, señaló que las personas de la tercera edad están pasando hambre y no pueden comprar las medicinas y agregó que "muchos de los pensionados que estamos en esta protesta solo estamos comiendo una vez al día, ya que no encontramos alimentos, tampoco medicinas y además el dinero de la pensión no alcanza para todos los gastos".

Otra manifestante, Marian Castillo, de 65 años, también jubilada, consideró que la arremetida por parte de la Guardia Nacional contra los abuelos fue un exabrupto. -Nosotros –indicó- solo venimos aquí con nuestros bastones y pancartas a reclamar nuestro derecho y nos encontramos con estos funcionarios de la Guardia Nacional reprimiendo nuestra protesta, pero de seguro ellos tienen también sus madres, sus padres y abuelos esperando por la aprobación de este beneficio del bono alimentario y medicamentos.

El 23 de julio de 2020, el Diario de Cuba, reseñó:

-Los jubilados y pensionados desafiaron la "cuarentena radical" que pesa sobre Caracas y el resto de Venezuela, para manifestar públicamente su rechazo al monto "insignificante" al que quedaron reducidas las pensiones en el país. Pese al carácter pacífico de la protesta, el Gobierno de Nicolás Maduro envió a la militarizada Guardia Nacional a reprimirla este jueves 23 de julio.

El medio agregó:

-Tal como ha ocurrido con los salarios, las pensiones quedaron reducidas apenas a 1,6 dólares por mes. Esto se debe a una crónica crisis económica de Venezuela (en hiperinflación por tercer año consecutivo) con una dolarización de facto de los productos y servicios, sin que se dolaricen los ingresos de trabajadores o jubilados.

En varios lugares del país, y en una campaña por las redes sociales, los jubilados venezolanos protagonizaron una protesta que llevó por lema "Pensiones justas ya". En Caracas, resultaron detenidas dos personas y la Guardia Nacional disolvió a la fuerza la protesta cuando manifestantes intentaban desplegar una bandera de Venezuela, en una plaza del centro de la capital.

Inicialmente la reacción oficial había sido permisiva. Incluso una delegación de los pensionados y jubilados entregaron en la sede de la Vicepresidencia un documento. Posteriormente fueron desalojando a los manifestantes de varias plazas y finalmente a golpes y empellones los uniformados disolvieron del todo la protesta.

Después indicó:

-De acuerdo con Alfredo Ramos, exdiputado que impulsó la defensa de los pensionados desde el Parlamento, en Venezuela actualmente se contabilizan cinco millones de pensionados y jubilados..., el chavismo los ha olvidado y los sometió a la miseria.

Rita C., una de las manifestantes, de 77 años, reveló a Diario de Cuba:

-Con lo que me llega por la pensión de todo un mes apenas me alcanza para comprar medio kilo de café y un pan dulce, para nada más, el dinero no me alcanza para comprar ninguna medicina.

Al respecto, un estudio reciente del Centro de Documentación y Análisis de la Federación Venezolana de Maestros, en Venezuela se requieren de unos 270 dólares para que una familia pueda alimentarse con los productos básicos. Sin embargo, "Actualmente con el equivalente a una pensión mensual se puede comprar una docena de huevos en cualquier mercado venezolano. Nada más, prácticamente".

Sobre el tema, la ONG Provea aseveró que el sistema implantado por el chavismo les niega a pensionados y jubilados venezolanos "el derecho a vivir con dignidad".

Por su parte la ONG Convite recordó que "La pensión es un derecho constitucional y por tanto responsabilidad del Estado" y, por lo tanto, "hablar de cobertura del 100% no solo es falso, sino que resulta insuficiente cuando esta pensión equivale a menos de dos dólares mensuales".

El 15 de febrero de 2022 TalCual reportó:

-Trabajadores, jubilados y pensionados venezolanos salieron este martes a las calles de Caracas, Distrito Capital para exigir mejoras salariales al régimen de Nicolás Maduro.

Añadió que los manifestantes exigieron un pago equivalente a 300 dólares para poder cubrir sus necesidades básicas, al tiempo que reiteraron que los siete bolívares "son insuficientes" y la liberación de los abuelos Echarry, Blanco y Rosa Mota, quienes se encuentran detenidos por protestar y defender a la clase trabajadora. Igualmente rechazaron los métodos de represión usados por el régimen de Nicolás Maduro para disolver las protestas populares

Una jubilada del Hospital Universitario de Caracas declaró a TalCual que con siete bolívares de pensión no paga ni siquiera una harina, y si no fuera por la ayuda de mis hijos no sobreviviría.

Otro manifestante, Robert Carpio, jubilado del Instituto de Previsión y Asistencia Social para el Personal del Ministerio de Educación (IPASME), afirmó:

-La gente no puede salir a reclamar porque se la llevan presa, eso no puede ser, estamos exigiendo nuestro derecho, no estamos pidiendo, denunció. Asimismo, trabajadores del Hospital Clínico Universitario denunciaron que no poseen un servicio funerario digno, incluso no les otorgan urnas en buen estado, sin embargo, este beneficio sigue siendo sustraído de sus salarios.

Por su parte, Eduardo Hernández, miembro del sector salud, denunció que hay paciente que se mueren de mengua y los familiares tienen que cancelar todo porque en el Hospital Clínico Universitario no hay insumos médicos.

-Nos cambiaron la pensión –aseguró- por bolsas de comida que no nos alimenta. Comemos o compramos medicina, pero no podemos hacer las dos cosas.

Cabe señalar que los trabajadores del Metro de Caracas también se unieron a las manifestaciones para exigir "mejoras salariales".

-En Anzoátegui, Bolívar, Falcón, Lara, y Zulia –precisó TalCual- se apostaron en calles, plazas y centros asistenciales para gritar, una vez más, que reciben "salarios de hambre".

También pedían la aplicación del Artículo 91 de la Constitución Nacional: "Todo trabajador o trabajadora tiene derecho a un salario suficiente que le permita vivir con dignidad y cubrir para sí y su familia las necesidades básicas materiales, sociales e intelectuales".

¡Queremos Sueldos Justos YA!
SOS
SUELDOS DIGNOS
¡YA!
PERO
SIN MIED

Ratifican denuncia contra ejecuciones en Venezuela

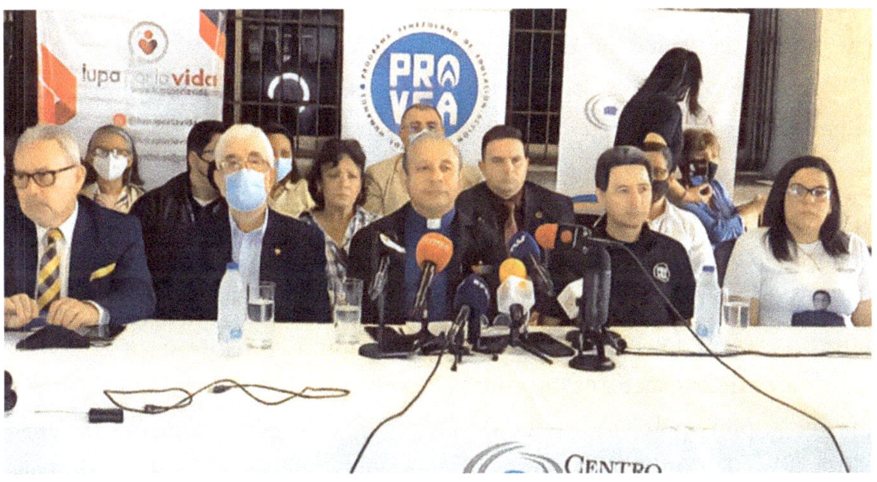

El 19 de mayo de 2022 el portal El Estímulo reportó:

-El sacerdote jesuita Alfredo Infante y el sociólogo Marino Alvarado, coordinadores del Programa una Lupa Por la Vida, ratificaron ante medios de comunicación que su informe sobre los casos de ejecuciones extrajudiciales a manos de agentes del Estado no pretende ir en contra del gobernador del Estado Carabobo, Rafael Lacava, ni de ninguna otra autoridad.

Afirmaron que sencillamente se unen al clamor de los familiares de las víctimas para pedir justicia por las muertes.

El portal añadió:

-Desde la sede del Centro Gumilla de activismo social, en el centro de Caracas, Alfredo Infante, coordinador del área de Derechos Humanos de esta institución, y Marino Alvarado, coordinador del área de Civilidad de la ONG Provea, aclararan puntos sobre los resultados del estudio realizado a través del Programa Lupa por La Vida.

Ese informe revela que en el año 2021 se contabilizaron 1.414 presuntas ejecuciones extrajudiciales en todo el país, de las cuales se presumen que un total de 221 fueron responsabilidad de funcionarios de la Policía de Carabobo.

Luego apuntó:

-En su encuentro con los medios, Infante y Alvarado no estuvieron solos. Los acompañaron varios familiares de ciudadanos que aseguran fueron asesinados de manera extrajudicial por funcionarios adscritos a distintos cuerpos de seguridad del Estado.

Sosteniendo fotos en sus manos, madres, padres, esposas, hermanos, volvieron a exigir justicia por la muerte de sus familiares. Ofrecieron además sus testimonios para respaldar los resultados del informe presentado por el Centro Gumilla, Provea y el programa Lupa por la Vida.

Al respecto el padre Infante destacó:

-También queremos reiterar nuestra denuncia a ese patrón instaurado en nuestra sociedad venezolana, en donde se siguen tipificando a los jóvenes habitantes de los sectores populares, como si fueran todos delincuentes y más si su piel es de color, cuando en realidad lo que quieren es tener la posibilidad de estudios, de ayudar al desarrollo del país, pero no les ha dado esa oportunidad.

Más adelante el medio puntualizó:

-El gobernador del Estado Carabobo, Rafael Lacava, al conocer los resultados del estudio, en donde se señala que la policía de esa entidad es la que suma más presuntas ejecuciones extrajudiciales, emprendió una acusación penal en contra de los denunciantes Infante y Alvarado.

Lacava los acusa de presuntos delitos de difamación continuada agravada, tipificada en el artículo 442 del Código Penal.

Ante lo cual el padre Infante aclaró:

-Queremos señalar que, dando a conocer los resultados de la investigación, no pretendemos realizar ninguna campaña de descredito contra el gobernador Lacava, este informe es el monitoreo nacional, que señala que, en el Estado Carabobo durante el año 2021, fue la entidad en donde se reportaron la mayor cantidad de casos, en años anteriores el Estado Zulia, era el que encabezaba la lista.

Asimismo, indicó que la recomendación, tanto para el gobernador Lacava, así como para los otros mandatarios regionales, es que investiguen estos casos denunciados, que revisen sus cuerpos policiales, que tomen las medidas necesarias para corregir y evitar se sigan presentando estas violaciones de los Derechos Humanos.

Respecto a la demanda del gobernador Lacava expresó que en el proceso penal hay una posibilidad de conciliación para resolver el conflicto, llegar a una negociación.

-No queremos –afirmó- fomentar ningún tipo de confrontaciones, podemos buscar una solución, una negociación pero que no se aliente la impunidad, sino que se apoye el derecho a la vida y la aplicación de justicia que exigen los familiares,

Igualmente dijo el representante del Centro Gumilla, que es necesario retomar los programas de capacitación en materia de Derechos Humanos para los funcionarios de los distintos cuerpos de seguridad.

-También –dijo- queremos solicitar al Defensor de pueblo, Alfredo Ruíz, que tome en cuenta para su investigación los resultados de este tipo de informes, que defienda el derecho a la vida, que asegure el acceso a la justicia y reparación para los familiares, en todos los casos denunciados de ejecuciones extrajudiciales.

Infante reveló además que el estudio se basa en la recolección de datos publicados en los medios de comunicación regionales, algunas fuentes policiales y los testimonios de las víctimas, muchas de las cuales prefieren guardar silencio por el miedo que les han infundido.

Por su parte Marino Alvarado señaló que el gobernador Lacava, se sintió ofendido por los resultados del estudio del programa Lupa por La Vida, ya que esa entidad acumuló la mayor cantidad de casos de ejecuciones extrajudiciales.

-Yo creo –precisó- que no solo el gobernador Lacava, sino todas las autoridades, no debería ofrecer su apoyo automático a los funcionarios, cuando se conozcan estas denuncias. Lo correcto es solicitar una investigación a los funcionarios que tengan algún indicio de responsabilidad en los sucesos, para esclarecer las causas de los hechos.

Asimismo, indicó que han solicitado al Ministerio Público (Fiscalía) que se investiguen las denuncias.

-No solo de los funcionarios que presuntamente participaron en las presuntas ejecuciones extrajudiciales, apretando el gatillo, los autores materiales, -expresó- sino también se investigue a la cadena de mando. Recordemos que la legislación venezolana estipula que los gobernadores y alcaldes, que tienen bajo su administración cuerpos de seguridad tienen, en cierta medida, responsabilidad en todas sus acciones, buenas o malas.

Nosotros continuaremos con nuestra labor para la Defensa de los Derechos Humanos de las víctimas y familiares.

El informe cuenta con el respaldo de los familiares de las víctimas, entre ellos el de Ernesto Mijares y tiene cuatro años buscando justicia por la muerte de su hijo Alberto Mijares por parte de la siniestra FAES en 2018.

-Los hechos ocurrieron –relató- en la Torre Viasa, ubicada en la zona de La Candelaria (centro), el edificio fue tomado por los funcionarios a las 11 de la mañana, pero fue llegada las 3 de la tarde que comenzaron el tiroteo. Allí fue asesinado mi hijo y otros seis jóvenes, quienes recibieron un solo tiro en el pecho, todos ellos fueron ajusticiados (ejecutados). Desde el mismo día de su muerte no he parado en hacer trámites en busca de justica, pero todo es una lucha pues las autoridades responsables de darme apoyo no me ofrecen respuesta.

Mijares manifestó su respaldo las labores que realizan desde Provea y el Centro Gumilla por la defensa de los Derechos Humanos y agregó:

-Además de la perdida de mi hijo, me duele que mis tres nietos quedaron huérfanos de padre, ellos se quedaron conmigo, pues su madre se fue del país. Yo seguiré luchando por la justicia y para ayudar a criar a mis nietos.

Más adelante la fuente destacó:

-José Luis Briceño es vecino de la zona de Las Adjuntas en la parroquia

Macarao. Es padre de Luis Briceño, que asegura fue asesinado, junto a otros cinco ciudadanos, por funcionarios policiales el 2 de agosto del 2020.

Briceño declaró:

-En un principio los funcionarios señalaron que se trataba de un secuestro, luego cambiaron la versión y dijeron que fue un enfrentamiento, pero hay videos en que se evidencia que mi hijo y las otras personas estaban vivas y detenidas en una alcabala policial, pero luego aparecieron muertos", dijo Briceño.

Indicó que su hijo era padre de tres niños, "la mamá se llevó a dos de los pequeños y yo me quede con uno, nuestra familia sigue devastada, pero no me permito quedarme sin fuerzas hasta que se haga justicia".

Tibisay Ivana, es vecina de la zona de Carapita en la parroquia Antímano, ella es la hermana de Luis García de 34 años, quien junto a otras seis personas perdió la vida en el sector Los Campitos de La Guaira, en un supuesto enfrentamiento con funcionarios policiales.

Ella relató:

-Mis tres sobrinos quedaron huérfanos, perdieron a su padre y nosotros sus familiares exigimos justicia, queremos que los culpables de estos hechos sean castigados, rechazamos la impunidad de estas muertes.

El reclamo de la ONU

El 5 de julio de 2019 la Oficina de las Naciones Unidas para los Derechos Humanos, con sede en Ginebra, Suiza, dio a conocer el informe levantado por la Alta Comisionada Michelle Bachelet en el cual se insta al gobierno del usurpador Nicolás Maduro a "detener y remediar las graves vulneraciones de derechos económicos, sociales, civiles, políticos y culturales" en Venezuela, reseñaron los medios

El citado documento advierte que "si la situación no mejora, continuará el éxodo sin precedentes de emigrantes y refugiados que abandonan el país", que supera ya los cuatro millones de personas.

> *La diáspora, en mayo de 2022, ya había superado los siete millones, con tendencia a subir, pues a pesar de lo que publica la propaganda oficial, la situación económica del país es cada día peor. Es falso que Venezuela esté mejorando.*

También denuncia que, en el último decenio, especialmente desde 2016, la Administración de Maduro y sus instituciones han puesto en marcha una estrategia "orientada a neutralizar, reprimir y criminalizar a la oposición política y a quienes critican al Gobierno".

Sobre ese informe los analistas Félix Arellano y Milagros Betancourt, entrevistados por José Luis Carrillo, de TalCual, coincidieron en que, aparte de la diplomacia mostrada por la Alta Comisionada para los DDHH de las Naciones Unidas en su visita a Venezuela, la contundencia de este será absoluta y "conducirá a una nueva etapa en el seguimiento de la situación venezolana".

El periodista recordó que "Ya en el informe oral emitido por Bachelet el pasado 20 de marzo, la Alta Comisionada manifestó una profunda preocupación por la reducción del espacio democrático en Venezuela, en particular por la criminalización de las protestas y disidencias pacíficas. Indicó que su oficina documentó numerosas violaciones y abusos de derechos humanos perpetrados por las fuerzas de seguridad y los colectivos armados progubernamentales, incluyendo el uso excesivo de la fuerza, asesinatos, detenciones arbitrarias, torturas y malos tratos en condiciones de detención, así como actos de amenaza e intimidación".

Carrillo observó que el documento se refiere "al ejercicio de los derechos sociales y económicos, los que, aseguró, han seguido deteriorándose continuamente, y advirtió que las autoridades venezolanas se han negado a reconocer las dimensiones y la gravedad de la crisis en materia de cuidados médicos, alimentación y servicios básicos".

Además puntualizó que "El 19 de junio, Bachelet llegó a Venezuela para una visita que generó una fuerte polémica", ya que "Por una parte, hubo desde aquellos que aseguraron que su presencia en el país sirvió para legitimar al mandatario y los que, como el dirigente opositor Carlos Vecchio, la acusó de complicidad, pasando por la posición del Foro Penal, que indicó que la visita no fue efectiva ni generó los resultados esperados, hasta los que señalaron, como el del diputado Williams Dávila, quien enfatizó que la presencia de la Alta Comisionada dejó al desnudo "el carácter fascista del gobierno de Maduro".

La fuente apuntó también que, "No obstante el carácter diplomático de la visita, Bachelet tuvo palabras duras contra el gobierno en el comunicado que emitió justo antes de irse del país", en el cual "Informó que se realizaría una evaluación de la Comisión Nacional para la Prevención de la Tortura y para determinar los principales obstáculos en el acceso a la justicia en Venezuela, y expresó que "fue profundamente doloroso escuchar el anhelo de las víctimas y sus familiares por obtener justicia ante las graves violaciones de derechos humanos".

A juicio de Carrillo, "En un solo párrafo del texto confirmó que existe la tortura en Venezuela y reafirmó que se están dando graves violaciones de los DDHH",

En ese comunicado "También pidió al gobierno liberar a todas las personas que se encuentran detenidas por ejercer sus derechos políticos y dio a conocer que escuchó "el testimonio de un hombre que me explicó cómo su hermano fue torturado, humillado y asesinado por oficiales encapuchados de la FAES que allanaron su casa, así como muchas otras familias destrozadas porque sus seres queridos tuvieron el mismo destino".

El texto periodístico reveló además que "Momentos después de la partida de Bachelet, un grupo de oficiales de la Fuerza Armada Nacional (FAN) fue aprehendido bajo acusaciones de presunta conspiración, y cuatro días más tarde, al ser llevado a la audiencia de presentación, uno de los detenidos, el capitán de corbeta Rafael Acosta Arévalo, tuvo que ser enviado de emergencia a las instalaciones de El Hospitalito, ubicado en Fuerte Tiuna, falleciendo en el camino, por el estado en que se encontraba a consecuencia de los maltratos de los que fue objeto en la sede de la Dirección General de Inteligencia Militar (DGCIM)".

Sobre ese criminal hecho la Alta Comisionada se declaró "profundamente conmocionada" por el asesinato del oficial, refiere Carrillo, quien preguntó a sus entrevistados:

- ¿A qué sitios va el alto comisionado? ¿A Suiza? ¿Noruega? ¿Canadá?

-Va donde la situación es grave, de desastre. Ya el venir es una clara señal de que la situación en Venezuela es grave. Quiero que me digan qué cara se lava si está confirmando que la situación es tan grave que no es suficiente que venga una comisión como la que vino en marzo, sino que debe ir en persona el alto comisionado. No es ninguna señal positiva", sostuvo Félix Arellano.

Añadió que, en su opinión, lo que el mundo lee es que vino a Venezuela por el desastre humano que se vive.

-Obviamente –precisó- que las Naciones Unidas no han reconocido al señor Guaidó como presidente interino, no puede hacer ella lo contrario a lo que le instruye su institución. Si Naciones Unidas sigue contemplando a Nicolás Maduro como representante ante esa institución ella tiene que respetar eso.

Igualmente Indicó "que fue una visita corta pero exhaustiva, en la que todas las personas e instituciones que tenían denuncias importantes tuvieron acceso a ella" y al resaltar la dureza del informe oral de marzo, sostuvo que le parece que las críticas a la visita de Bachelet las propicia el propio gobierno para dividir y crear un clima de incertidumbre.

Por su parte, la abogada Milagros Betancourt respondió que se debe tomar en cuenta que Bachelet vino invitada por el gobierno, como ella misma lo señaló en el comunicado, y que en estos casos "hay que cumplir con ciertos protocolos, y de alguna manera tiene que atender a las autoridades del gobierno de Maduro".

Sin embargo, cuestionó un par de detalles" de la estadía de la expresidenta de Chile en Venezuela.

-Hay dos elementos a resaltar –apuntó- lo primero es que se hubiera reunido con Diosdado Cabello, porque la Asamblea Constituyente es una institución que prácticamente no es reconocida por el mundo y sabemos su origen y legitimidad y todo eso; lo segundo es que en su comunicado ella motivó a los actores políticos a que se incorporaran a las negociaciones de Oslo, Noruega, lo que no le compete porque es un tema político y no de derechos humanos.

A pesar de ello, estimó que Bachelet estuvo bien y que en su comunicado destacó exactamente "las cosas gravísimas que se viven en este país"

Respecto a la nueva etapa que se iniciará una vez se conozca el informe, Félix Arellano estima que definitivamente habrá más presión sobre el gobierno.

-En septiembre, en el período ordinario de sesiones del consejo de derechos humanos –indicó- debería reiterarse la situación de Venezuela como tema en la agenda; reiterarse la necesidad de que siga realizándose la investigación, debería crearse una comisión especial que investigue, aprobarse los trámites para la creación de la oficina de los DDHH de las Naciones Unidas en Venezuela".

Del mismo modo precisó que esta instancia gozaría de autonomía e independencia dentro del sistema, y que es importante que "no esté dependiendo del representante de Naciones Unidas en Caracas, sino que tenga una oficina con personalidad propia. El solo aprobarlo sería una presión más sobre Nicolás Maduro y su equipo".

Por su parte Betancourt, a su vez, detalló que el Consejo tendrá que evaluar el informe y tomar decisiones como enviar una comisión o crear una relatoría especial para Venezuela.

-Puede, por ejemplo –dijo- designar un relator, que no requiere la autorización del gobierno de Venezuela porque el relator funciona en Ginebra y su objetivo será hacer seguimiento permanente, más allá del trabajo que haga la oficina de la alta comisionada.

Como era de esperarse, dada la naturaleza autoritaria de su régimen, el usurpador Nicolás Maduro mostró gran furia por el informe que desnudó ante el mundo democrático la violación sistemática de los derechos humanos en Venezuela y cínicamente negó por enésima vez que en su gobierno haya presos políticos.

En una extensa carta, los representantes de la narcodictadura ante la ONU acusaron a la Alta Comisionada de Derechos Humanos de tener una visión "parcializada" y "distorsionada" sobre la realidad del país.

El documento, titulado "Comentarios sobre errores de hecho del informe de la alta comisionada de Naciones Unidas para los derechos humanos sobre la situación de derechos humanos en la República Bolivariana de Venezuela", cuestionó el hecho de que la Alta Comisionada se haya entrevistado con las víctimas y desechado la versión oficial, privilegiando exclusivamente las fuentes carentes de objetividad y se excluye casi en su totalidad la información oficial, a pesar de toda la documentación y elementos aportados por el Estado. En consecuencia, "No es objetivo ni imparcial un análisis donde se privilegien al extremo los señalamientos negativos y se invisibilice o minimice los avances y medidas adoptadas en materia de derechos humanos.

En cuanto a la recomendación de otorgar libertad a todas las personas detenidas por motivos políticos los firmantes de la carta alegan que "Esta recomendación resulta inaplicable y por tanto equivocada, pues en Venezuela no existen personas detenidas por tal condición".

Pero resulta que según los datos suministrados por el Foro Penal Venezolano hasta el 1 de julio de 2019 la cifra de presos políticos ascendía a 630.

Habla el Padre Alfredo Infante

El 12 de abril de 2022 el sacerdote y activista social Alfredo Infante insistió en que debe darse una profunda reestructuración en los poderes públicos como en las policías, como parte de un proceso de "resucitación" del país.

-Me preocupa en estos momentos –según reseñó el portal Costa del Sol con información de Noticiero Digital- que en las políticas públicas del gobierno se está dando un encogimiento del Estado, en ese sentido hay cada vez más desamparo. El Estado se ha encogido como en los tiempos del neoliberalismo", dijo Infante en una entrevista para Vladimir a la Carta.

El párroco de La Vega, Caracas, señaló, además:

-Los derechos fundamentales cada vez son más difíciles de acceder, vamos a llegar a grandes niveles de desigualdad. Denunciar encogimiento radical del Estado, que se traduce en mayor empobrecimiento. No hay organización ni organicidad.

Y aunque aplaudió el descenso de niveles de represión, no declinó en su petición de reestructurar las políticas públicas, porque de lo contrario "siempre habrá el riesgo de represión".

A su juicio, "el proceso de investigación de la Corte Penal Institucional que se ha abierto en Venezuela y los informes sobre Derechos Humanos, están incidiendo en que el gobierno pretenda recomponer los poderes."

Por otro lado, aseveró que "Mientras las policías de este país tengan un salario por abajo de la línea de la pobreza, difícilmente no van a distorsionar".

En relación a población venezolana consideró que, "hay una gran despolitización en la sociedad venezolana", lo cual se expresa en que la gente está convencida en que sus sectores políticos no interpretan su proyecto de vida, de ambos bandos", y en consecuencia, "Debe haber un reencuentro entre el barrio y la ciudad, que desmonten las estigmatizaciones qué hay sobre los barrios", pues "el barrio es una mina de humanidad" y "Los venezolanos están en una necesidad de reencontrarse para organizarse, responder, crear espacios".

Sobre la oposición venezolana aseguró que, "los inmediatismos han consolidado al chavismo en el poder", ya que "La existencia de la oposición con el "vete ya" ha prologado paradójicamente la pertenencia del gobierno en el poder."

El asesinato de 320 personas en protestas antigubernamentales

El 12 de abril de 2022, los medios se hicieron eco del informe divulgado por la ONG Provea en su sitio Web, según el cual a partir del 11 de abril de 2002 comenzó un "prolongado proceso de criminalización y obstaculización para el ejercicio de los derechos a la asociación, reunión y manifestación pacíficas".

La reseña del portal Costa del Sol, con información de El Nacional, precisó que Venezuela ha registrado, al menos, 320 muertos en protestas desde el 11 de abril de 2002 -hace este lunes 20 años-, una letalidad que aumentó exponencialmente desde 2014, con Nicolás Maduro.

-El proyecto bolivariano -que discursivamente reivindicó el derecho a la manifestación pacífica-, no solo afinó los mecanismos jurídicos para restringir su ejercicio; también -en su etapa más reciente-, aumentó dramáticamente la letalidad ejercida contra quienes expresan su descontento en las calles.

El informe igualmente señaló que 9.138 personas resultaron heridas en el contexto de manifestaciones entre los años 2002 y 2020.

-El empleo excesivo de la fuerza contra los manifestantes, -reveló Provea-sumado a la ausencia de una política integral de reparación a las víctimas (...), mantiene en la impunidad a la casi totalidad de casos y somete a sufrimientos físicos y psíquicos a centenares de personas que aún padecen las consecuencias de los daños infligidos sin contar con atención alguna por parte del Estado venezolano.

Luego aseguró que el 11 de abril comenzó un prolongado proceso de criminalización y obstaculización para el ejercicio de los derechos a la asociación, reunión y manifestación pacíficas.

-La creación de zonas de exclusión para obstaculizar el ejercicio del derecho de reunión y asociación pacíficas, -indicó- es hoy día uno de los más negativos legados de la gestión de Hugo Chávez, continuado ahora por Nicolás Maduro.

Luego de los sucesos de abril de 2002, prosiguió Provea, "comenzó a levantarse un muro para impedir que movilizaciones convocadas por sectores de la oposición venezolana, pudieran dirigirse a sedes de instituciones gubernamentales como el Palacio de Miraflores, la Asamblea Nacional y otros espacios".

Después apunto que en los últimos 20 años el chavismo ha reforzado leyes para obstaculizar el ejercicio de la protesta, impedir asambleas en empresas públicas e instituciones del Estado, cierres de calles o el derecho a huelga por parte de compañías estatales.

Además, desde entonces, "se hizo cada vez más frecuente la presencia de civiles armados para atacar manifestaciones".

Son los llamados círculos del terror que nacieron con Chávez e impunemente penetran las manifestaciones pacíficas para convertirlas en violentas, que luego son reprimidas por las mal llamadas fuerzas de seguridad, e inconstitucionalmente tienen patente de corso para asesinar, sin que la fiscalía ni la defensoría del pueblo intervengan para aplicar las sanciones legales correspondientes.

El informe de Provea aseguró igualmente que desde 2014, la gestión de Maduro "pisó a fondo el acelerador para consolidar rápidamente el andamiaje anti-protestas, y recordó las manifestaciones antigubernamentales de 2017, cuando hubo "143 asesinados, más de 3.000 heridos, 5.000 detenidos, empleo de la justicia militar para procesar a civiles, allanamientos y ataques masivos contra zonas residenciales.

La Guardia Nacional reprimió manifestación de apoyo a María Corina Machado

El 2 de abril de 2014 El Universal, con información de Pedro García Otero reportó:

-Anoche parte de la capital colapsó. Una marcha en apoyo a María Corina Machado que culminó en enfrentamiento desató una ola de protestas en Chacao, Santa Fe, Cafetal, Santa Mónica, Terrazas del Ávila, Petare, La Urbina y Colinas de Bello Monte entre otros. El cierre de algunas estaciones de Metro y la falta de transporte público afectaron el tránsito.

Caracas. - La concentración en apoyo a la diputada María Corina Machado, que se realizó en la plaza Brión de Chacaíto, fue finalizada cuando la Guardia Nacional lanzó bombas lacrimógenas contra los presentes, lo que desencadenó una retahíla de protestas que culminaron con fuertes enfrentamientos.

El reporte agregó:

-Cerca de las 7:30 pm, un contingente de la GN detuvo a trece jóvenes quienes se encontraban dentro del campamento que se realiza frente a la Organización de Naciones Unidas. En un enfrentamiento los funcionarios llegaron lanzando gas y disparando perdigones.

Luego indicó:

-Se conoció que los efectivos fueron al sitio buscando a los jóvenes manifestantes quienes huían supuestamente desde Altamira, y pese que habían asegurado que con los manifestantes del campamento no se meterían, comenzaron a lanzar bombas lacrimógenas para posteriormente proceder a las detenciones. Se pudo conocer que los apresados fueron llevados a Fuerte Tiuna.

Antes de las seis de la tarde se realizaron en la ciudad una cadena de protestas que, combinadas con la falta del servicio de Metro (Sabana Grande, Chacaíto, Chacao y Altamira) y la inexistencia de unidades de transporte público, colapsaron parte de la ciudad.

En Santa Mónica se hizo una protesta pacífica que afectó el tránsito de los que viajaban por la avenida Lazo Martí o por la Inter vecinal hacía Cumbres de Curumo.

Más adelante informó:

-Chacao volvió a ser centro de protestas, pero en esta oportunidad además de las manifestaciones en la avenida Uslar Pietri, un grupo se mudó a la calle Guaicaipuro y armaron un segundo frente donde la GN también lanzó bombas lacrimógenas y perdigones.

En la avenida había unos 100 funcionarios, tres tanquetas, dos ballenas y varios vehículos rústicos, donde transportan al personal.

A tempranas horas de la noche, los habitantes de Colinas de Bello Monte cerraron el paso de vehículos por la avenida Newton y parcialmente en la avenida Miguelangel; pero las protestas ocasionaron una extensa cola en la vía hacía la morgue de Bello Monte que afectó la vía alterna de Colinas de Los Chaguaramos.

En la avenida Lincoln se desarrolló una manifestación pacífica de vecinos quienes no cerraron el paso vehicular, pero armaron pancartas, gritaron consignas exigiendo justicia.

Después de las 10:00 de la noche un grupo de habitantes de Santa Fe y del barrio Las Minitas salieron a la autopista de Prados del Este a protestar, por lo que la GNB llegó a eliminar la actividad con gases lacrimógenos y perdigones.

Después refirió:

-Según las redes sociales, al menos quince jóvenes fueron detenidos en la calle San Ignacio de Chacao y llevados por funcionarios de la GNB y Guardia del Pueblo al comando motorizado de estos cuerpos en Maripérez.

También en Las Mercedes, a la altura del nuevo puente que comunica la autopista Fajardo con la avenida Río de Janeiro, se registraron enfrentamientos, esta vez entre estudiantes que habían salido de la marcha de Machado y miembros de colectivos. Se conoció sobre el incendio de la fachada del Ministerio de la Vivienda en Chacao, pero se nos negó la entrada a la zona para verificar lo ocurrido.

Un prolongado operativo policial en Altagracia de Orituco

"OPERACIÓN TRUENO": ALLANAMIENTOS Y ABUSOS DE PODER

GUÁRICO VENEZUELA

Defiende Venezuela visitó la población de Altagracia de Orituco con la finalidad de atender las denuncias de violaciones de derechos humanos, alertada por los pobladores tras el inicio de la operación "Trueno".

La mayoría de los detenidos fueron trasladados a la ciudad de Caracas, no se les permitió la representación jurídica de un abogado de confianza. Adicionalmente, fueron incriminados mediante "la siembra" de evidencia en sus expedientes judiciales.

LOS DERECHOS HUMANOS QUE ESTAN SIENDO VULNERADOS EN ALTAGRACIA:

Vida e integridad personal.

Libertad personal.

Igualdad y no discriminación.

Propiedad, vida privada y familiar.

LOS CUERPOS DE SEGURIDAD RESPONSABLES DEL OPERATIVO SON:

La Dirección Contra Delincuencia Organizada (DCDO - PNB)

El Comando Nacional Antiextorsión y Secuestro (CONAS - GNB)

La Dirección de Investigación Penal (DIP)

El 12 de mayo de 2022 TalCual reseñó:

-Desde la Organización No Gubernamental Defiende Venezuela hacen un llamado a los organismos internacionales ante lo que consideran es un patrón efectuado por diversos cuerpos de seguridad durante sus operativos, haciendo referencia al caso del Estado Guárico.

El 20 de abril de este año funcionarios del Comando Nacional Antiextorsión y Secuestro (CONAS) y de la Policía Nacional Bolivariana (PNB) llevaron a cabo un operativo en la ciudad de Altagracia de Orituco, Estado Guárico, fijando puntos de control en las zonas de mayor circulación, tanto de transeúntes como vehículos.

Aseguraron que, durante la ejecución se hizo uso de la intimidación, exponiendo a la mirada de todos más de 10 tanquetas y desplegando a 800 funcionarios de la PNB.

Al respecto, el gobernador José Vásquez, explicó el objetivo de este operativo era dar con el paradero de involucrados en extorsión y otros hechos delictivos, pero hasta el momento no se ha ofrecido ningún balance de los hallazgos.

-En este marco –apuntó TalCual- Vásquez aseguró que el tema de la inseguridad en la región y otras de la entidad es bastante alarmante, y asomó que ante esto vendrán nuevas acciones para desarticular supuestas operaciones delictivas.

Sin embargo, desde Defiende Venezuela destacaron que una vez más los cuerpos de seguridad aplicaron sus patrones de allanamientos ilegales, detenciones arbitrarias, extorsiones y represión, buscando así generar pánico en la sociedad.

Días más tarde, concretamente el 26, el mismo medio reportó:

-Desde el pasado 20 de abril y hasta la actualidad los cuerpos de seguridad llevan a cabo en la localidad de Altagracia de Orituco, Estado Guárico, un operativo policial que tiene como objetivo dar con el paradero de los integrantes del autodenominado "tren del llano".

Sin embargo, como se ha vuelto costumbre durante estos operativos, los cuerpos de seguridad presuntamente han llevado a cabo acciones que incurren en violaciones a los derechos humanos.

Luego indicó:

-La ONG Defiende Venezuela, viajó hasta la localidad, donde pobladores reportaron allanamientos ilegales, detenciones arbitrarias, extorsiones y represión, durante el desarrollo de la "Operación Trueno".

Víctimas y familiares de estos hechos han denunciado ante esta organización que los cuerpos de seguridad del Estado que han actuado durante estos operativos son:

Funcionarios de la Dirección Contra Delincuencia Organizada (DCDO), adscritos a la Policía Nacional Bolivariana (PNB).

Funcionarios de la Dirección de Inteligencia Policial (DIP), adscritos a la PNB.

Comando Nacional Antiextorsión y Secuestros (Conas), adscrito a la Guardia Nacional.

La ONG precisó igualmente que pesar de esto, testigos aseguran que estos funcionarios al momento de practicar los allanamientos y detenciones se identifican como efectivos de las Fuerzas de Acciones Especiales (FAES), de la PNB. -Logramos identificar que siguen los allanamientos ilegales a las residencias y comercios, se han atentado contra vidas, existe un sometimiento de los ciudadanos con detenciones arbitrarias, se han dado confiscaciones ilegales, robos de bienes, violencia de género y, por último, actos de torturas, tratos crueles, inhumanos y degradantes", dijo uno de los abogados de Defiende Venezuela que viajó hasta la localidad de Altagracia para investigar sobre estos hechos.

Durante esta visita los integrantes de esta ONG entrevistaron a 15 familias, compuestas por madres, esposas, hijos, hermanos y sobrinos, y a más de 24 víctimas indirectas, incluyendo gremios de productores y comerciantes, también recopiló evidencia que soportaba las declaraciones de estos.

La fuente explicó además que la mayoría de los detenidos durante este operativo fueron trasladados hasta la ciudad de Caracas para ser presentados ante los tribunales con competencia en terrorismo y no se le permitió el acceso a la defensa privada.

-En algunos casos –destacó la ONG- se evidenció también la desaparición forzada de personas. Defiende Venezuela constató cómo autoridades de los cuerpos de seguridad que participan en este operativo anuncian activamente en redes sociales la captura de varios pobladores, sin embargo, a la familia se le niega la información sobre el lugar de detención.

Además, algunas de las familias de Altagracia de Orituco denunciaron que, en oportunidades los cuerpos de seguridad del Estado se metieron a sus viviendas para usarlas como centros de operaciones, donde pernoctaban y hasta los señalan de haber organizado celebraciones en las mismas.

Los funcionarios no contaban con una orden judicial de confiscación acordada por un tribunal, tampoco se evidenció la presencia de un representante del Ministerio Público durante los allanamientos.

Finalmente advirtió:

-A pesar de que se trata de un operativo policial para desarticular una banda organizada y brindar seguridad a los habitantes de Guárico, las personas que hacen vida en esta localidad dicen sentir miedo y terror por las acciones de los funcionarios.

Consideran que no existe una planificación de seguridad ciudadana o control judicial en las actuaciones de los cuerpos de seguridad.

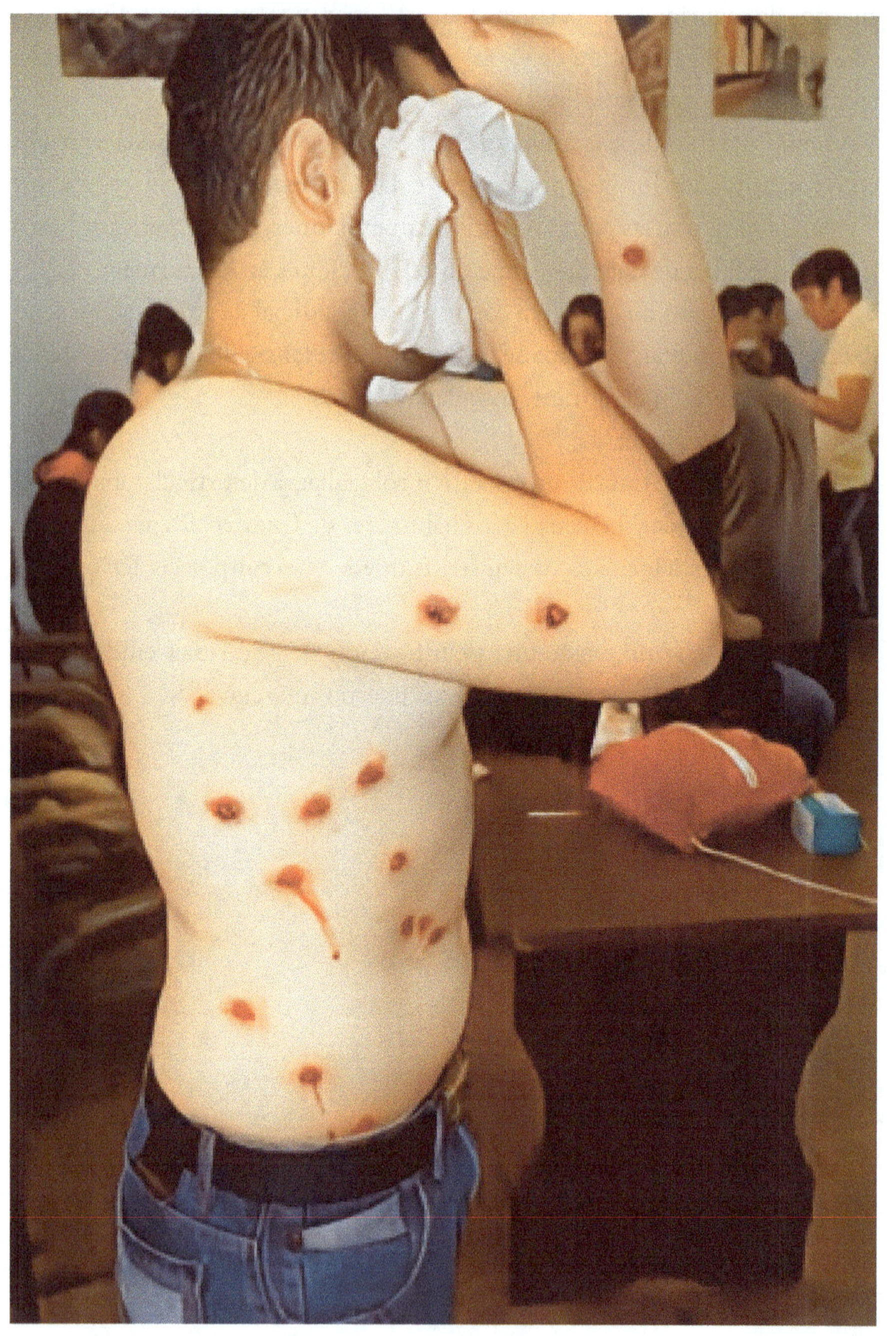

Estudiantes piden a la ONU una Misión de Investigación

El 14 de junio de 2014 Anaís Castrellón, del portal Analítica, reportó:

-Representantes del movimiento estudiantil solicitaron este miércoles que Naciones Unidas envíe una misión internacional a Venezuela para que investigue las violaciones de los derechos humanos en el país.

Sobre el particular el presidente del Centro de Estudiantes de la Universidad Católica Santa Rosa, Eusebio Costa, declaró:

-Vinimos a Suiza para solicitar a la ONU que nos asista. Necesitamos que no sea indiferente a lo que pasa en Venezuela. Los casos de violación a los derechos humanos no pueden quedar impunes.

Y añadió:

-Hoy luchamos no sólo por los que se opusieron a Chávez sino por todos los venezolanos. Los estudiantes vamos a ser la voz de la unión, la voz de la reconciliación y la voz de la lucha por la democracia en nuestro país.

El evento también fue reseñado por el diario Últimas Noticias, con información de EFE

-Representantes del movimiento estudiantil opositor venezolano –informó- solicitaron este miércoles que Naciones Unidas envíe una misión internacional al país para que investigue las supuestas violaciones de los derechos humanos cometidas allí.

"Hemos venido a Suiza para solicitar a la ONU que asista a nuestro país y envíe una misión a Venezuela para evaluar los casos de violación a los derechos humanos para que no queden impunes", afirmó a la prensa el presidente del Centro de Estudiantes de la Universidad Católica Santa Rosa (UCSAR), Eusebio Costa.

Explicó que los estudiantes que protestan desde hace cuatro meses contra el Gobierno de Nicolás Maduro, "han emprendido una lucha en contra de los problemas sociales, de la impunidad, de la escasez, de la inseguridad, y de una economía en decadencia".

La fuente señaló luego:

-Sin embargo, la respuesta que, a su entender, han obtenido de las autoridades ha sido "la represión", algo que solo ha agravado las divisiones ya existentes en el país.

"El Gobierno actual es un gobierno totalitario que ha matado la democracia en Venezuela", señaló Costa, quien dijo luchar por la unidad de la población.

"Nosotros tenemos que velar por un país mejor. Por un país donde no exista la polarización, y para ello debemos denunciar la represión".

Costa explicó que, según su recuento, desde que las protestas comenzaron en febrero pasado, 42 personas han sido asesinadas, 3.162 han sido detenidas -117 de ellos en prisiones de alta seguridad-, y se han denunciado 170 casos de torturas.

Después indicó:

-Estamos seguros de que se han violado nuestros derechos, por ello necesitamos que la ONU no sea indiferente a lo que pasa en Venezuela", afirmó el líder estudiantil, quien recordó que en los campamentos en Caracas hay pancartas donde se puede leer, "ONU, ¿dónde estás?".

"Hoy luchamos no solo por los que se opusieron a Chávez (Hugo, presidente difunto) sino por todos los venezolanos. Los estudiantes vamos a ser la voz de la unión, la voz de la reconciliación y la voz de la lucha por la democracia en nuestro país", concluyó.

Estudantes de la UCAT y la UNET retoman las protestas

El 19 de junio de 2014 la periodista Mariana Duque, del diario Últimas Noticias, reseñó:

-La Universidad Católica del Táchira (UCAT) y la Universidad Nacional Experimental del Táchira (UNET) reiniciaron este miércoles las manifestaciones, que habían cesado desde el pasado jueves. Unos exigiendo seguridad y otros, en contra de las políticas del Gobierno nacional.

Todo habría iniciado en la UCAT, cuando un grupo de estudiantes decidieron realizar un pancartazo a las afueras de la Residencia Oficial de Gobernadores, ubicadas unas cuadras más arriba de dicha casa de estudios. Lo que inició de manera pacífica, posteriormente pasó a ser un enfrentamiento entre encapuchados y efectivos de la Policía Nacional Bolivariana, registrándose la detención de una estudiante de segundo año de Derecho.

Mariana Duque señaló después:

-Daniela Flores, estudiante de Derecho de la Católica, precisó que el pancartazo inició a las 8 de la mañana, pero al llegar los efectivos de la PNB, detuvieron a la estudiante Andrea Guerra, quien se encontraba en el boulevard de la universidad con una pancarta. "No estábamos obstruyendo el paso. Estábamos protestando por las razones que empezamos el 4 de febrero, porque no hay qué comer, no hay buena salud, no hay insumos médicos, no hay servicios de calidad. Para oprimir se necesita miedo y nosotros no tenemos miedo", agregó.

Destacó que también están protestando por sus compañeros detenidos en la ciudad de Caracas: Renzo Prieto y Gerardo Carrero, y en contra de la presencia de presuntos infiltrados dentro de la UCAT. Denunció de igual manera que a la estudiante detenida no la agredieron físicamente, pero si la habrían amenazado con violarla. Afirmó Flores que hubo más diez heridos con perdigones y metras.

Luego apuntó:

-En la UNET. Mientras esto ocurría, en la Universidad Nacional Experimental del Táchira (UNET), los estudiantes salieron a manifestar en contra del cerco de seguridad instalado desde hace más de una semana, que estaría obligándolos a caminar varias cuadras y por lo tanto ser víctimas de la inseguridad.

Al final precisó:

-Los encapuchados secuestraron por unos diez minutos un camión cava, que después fue puesto en libertad sin ocasionar mayores daños.

Los manifestantes exigen el cese del cerco de seguridad, pues como las unidades de transporte los deben dejar lejos de la universidad, estarían siendo víctimas de la delincuencia

(La fotografía que ilustra el texto es de José Ramírez)

Nuevas protestas en Mérida

El 19 de junio de 2014 la periodista Daysi Díaz, de Últimas Noticias, reportó:

-Nuevas protestas se registraron este jueves en Mérida, por parte de presuntos estudiantes de la Universidad de Los Andes (ULA), que han dejado como resultado hasta ahora tres funcionarios policiales y un alumno de la Facultad de Medicina, heridos.

Los manifestantes, la mayoría de ellos encapuchados, trancaron la avenida Don Tulio Febres Cordero de Mérida, Municipio Libertador, a la altura de la Facultad de Medicina de la ULA, en protesta por la detención de estudiantes en todo el país, y exigiendo la liberación de los presos políticos.

Enseguida destacó:

-Se conoció que estos jóvenes retuvieron dos unidades, una de transporte público, y una cava de uso particular, las cuales fueron rescatadas por funcionarios antimotines de la Policía del Estado Mérida, quienes acudieron a repeler la acción de protesta, con perdigones, bombas lacrimógenas y la famosa "ballena".

De este desaguisado resultaron heridos tres funcionarios, dos de ellos con arma de fuego en el hombre y pierna derecha, mientras que el otro sufrió quemaduras por morteros.

Asimismo, un grupo de civiles motorizado, también encapuchados, al parecer afectos al oficialismo, llegaron al lugar para hacer frente a los estudiantes que protestaban, por lo que estos se vieron en la necesidad de refugiarse en la Facultad de Medicina.

Al final la periodista apuntó:

-Liliana Guerrero, presidenta de la Federación de Centros Universitarios (FCU), reportó que estas personas ingresaron a la facultad, arremetiendo contra los estudiantes, y disparando. Indicó que resultó herido de bala en el hombro izquierdo el estudiante de Derecho, Armando Maggiorani.

Ese mismo día, Últimas Noticias informó también:

-Usuarios de Twitter reportaron que estudiantes del instituto Rufino Blanco Fombona ubicado en la zona de Guatire, estado Miranda, salieron a protestar en contra de la criminalización de las protestas en el país y las detenciones de estudiantes que ha afectado a muchas familias venezolanas.

Liberan a Estudiantes bajo presentación para generar miedo

El 12 de mayo de 2014 las periodistas Sofía Nederr y María Emilia Jorge, de El Nacional, reportaron:

-Activistas de derechos humanos señalan que la libertad condicional otorgada 160 de los detenidos en los campamentos estudiantiles busca generar miedo y aumentar el control del gobierno sobre las protestas. El fin de semana 11 jóvenes fueron privados de libertad. Desde el 4 de febrero hasta ayer el Foro Penal Venezolano registró 1.604 ciudadanos con medidas cautelares de presentación ante tribunales, de los cuales 84 son menores de edad.

Luego indicaron:

-El coordinador del Programa Venezolano de Educación-Acción en Derechos Humanos, Marino Alvarado, destacó que desde 2005 se ha profundizado la criminalización de la protesta con un saldo de 5.000 procesados, pero la vía de la libertad condicional se ha acentuado desde hace 3 meses.

En el caso de los detenidos en los campamentos se han hecho procesos penales colectivos cuando la responsabilidad penal es individual. El caso de los adolescentes busca frenar a los estudiantes de educación media sobre todo después de que los universitarios anunciaron que estos podrían incorporarse a las manifestaciones.

Después destacaron:

-El sábado se determinó que 11 jóvenes quedarían privados de libertad: Sairam Rivas, Dioiris Albarrán, Abril Tovar, Gerardo Carrero, Gerardo Resplandor, Nixon Leal, Manuel Cotiz, Christian Gil, Anderson Briceño, Carlos Pérez y Ángel Contreras.

El Ministerio Público informó que a ocho de ellos se les imputan los mismos cargos: porte ilícito de arma de fuego, agavillamiento (asociación ilícita para delinquir), incitación a la desobediencia de las leyes, uso de adolescente para delinquir, obstrucción a la vía pública en grado de tentativa, daños violentos a la propiedad, tráfico en menor cuantía de drogas y detentación de sustancias incendiarias.

De igual modo, según las periodistas, Liliana Ortega, presidenta de COFAVIC, cuestionó el patrón de los procesos penales en los que la imputación es genérica y explicó que el Código Orgánico Procesal Penal establece que a los imputados se les tome declaración por separado, pero a los acusados solo se les permite conversar con los abogados pocos minutos antes de entrar al tribunal y las audiencias se dan en horarios distintos a los habituales.

-Se ha desnaturalizado –denunció- el debido proceso y la aplicación de la justicia. Hay un déficit de la institucionalidad democrática.

Más adelante las periodistas escribieron:

-Sin precedentes. Alvarado, de Provea, y Ortega, de COFAVIC, coinciden en que las audiencias del sábado fueron las más numerosas de la historia judicial del país. Ese día en el palacio de Justicia se presentaron 171 jóvenes que fueron aprehendidos el jueves.

La cantidad de personas dilató la jornada. Todo el piso 6 del recinto fue destinado a estas dos audiencias. En la sala oeste estuvieron los 120 muchachos del PNUD y los 51 de la Alfredo Sadel, relató Lilia Camejo, directora del Foro Penal.

-De los 160 jóvenes que salieron en libertad con medidas cautelares, -explicaron las periodistas- 141 tienen régimen de presentación cada 30 días; 15 deben presentarse cada 15 días y cumplir un plan de rehabilitación; 3 deberán presentar a 3 fiadores cada uno que ganen 101 unidades tributarias y tendrán régimen de presentación cada 30 días; y 1 estudiante que tendrá que presentarse cada 15 días después de haber conseguido un fiador.

Otra informante, Elenis Rodríguez, presidente de la Fundación de los Derechos Civiles, explicó que en la práctica una persona con medidas cautelares mantiene su condición de preso porque su libertad está limitada y advirtió que "Si el procesado no se presenta, el tribunal puede emitir orden de aprehensión".

Rodríguez añadió que el Estado pretende mantener el control y repudió la política para acallar a los ciudadanos que incluyó la sentencia del Tribunal Supremo de Justicia que la protesta pacífica no es absoluta. Igualmente denunció que se prepara el traslado de 30 detenidos en la sede del Servicio Bolivariano de Inteligencia Nacional, aunque dijo que se desconoce quiénes serán los afectados con la medida y el nuevo lugar de reclusión.

Al respecto, la entonces dirigente estudiantil de la ULA, Gaby Arellano, consideró que la privación de libertad de las 11 personas que eran líderes de los campamentos es parte de la criminalización de la protesta.

-Esto –aseveró- es un ataque frontal a los estudiantes y van a tener que meternos presos a todos para callarnos.

Venezuela llora

HOY VENEZUELA LLORA...
PERO HOY VENEZUELA TAMBIÉN ORA...

QUE CESE LA VIOLENCIA, ORA VENEZUELA..
NUESTRO PUEBLO ESTA EN MANOS DE DIOS,
EL ÚNICO QUE PUEDE HACER EL CAMBIO...

TRAZO CRISTIANO

El SEBIN allanó residencias en Caracas

El 26 de marzo de 2014 Boris Saavedra, de El Nacional, reportó:

-Comisiones del Servicio Bolivariano de Inteligencia Nacional se presentaron en una residencia de Prados del Este y en un apartamento de la urbanización La Carlota ayer en la mañana y detuvieron a cinco personas en ambos procedimientos que fueron trasladadas al Helicoide.

Saavedra agregó:

-Aproximadamente a las 8:00 am, una comitiva del SEBIN llegó a una quinta al final de la avenida El Paseo en Prados del Este. Vecinos reportaron que los agentes detuvieron a Jack Martínez Streignard, a su esposa, Juana de Martínez y a su hijo Javier Martínez en el allanamiento su vivienda. Los retenidos son familiares directos de la actriz venezolana Natalia Streignard, quien vive en Estados Unidos desde hace varios años. "No tengo mayores detalles, llamé a mi otro hermano, Fernando, en vista de que no logré comunicarme con ellos. Me dijo que cuando llegó esta mañana a visitarlos se consiguió con la casa revuelta", dijo la actriz a un medio de comunicación vía telefónica desde Miami. Juana de Martínez, madre de la actriz, fue liberada horas después.

Luego indicó:

-Las dos camionetas con los emblemas del SEBIN llegaron bien temprano y dieron un par de vueltas antes de detenerse frente a la casa de los Martínez. Los agentes se bajaron con armas largas y entraron a la casa tranquilamente. No puedo decir si los maltrataron, pues desde donde estaba no parecía que los trataran de forma violenta", relató un vecino que prefirió no identificarse.

En La Carlota una unidad del SEBIN se presentó alrededor de las 10:00 am en el apartamento de Carlos Eduardo Yánez Fuenmayor y su esposa Yajaira Mazzuca, quienes también fueron detenidos luego de la operación. Darío Ramírez, concejal de Sucre, aseguró que el procedimiento se efectuó sin el aval legal. "Recibí una llama de los vecinos de la zona reportando el incidente. Me dijeron que el SEBIN llegó sin la orden judicial y se llevaron a la pareja", dijo.

Sobre el mismo hecho, en igual fecha, Sergio Arce, escribió en crhoy.com:

-Detienen al papá de actriz de 'La Tormenta' al vincularlo con supuesto intento de derrocar a Maduro/ Jack Martínez Streignard, papá de la actriz venezolana Natalia Streignard, fue detenido junto con uno de sus hijos porque el gobierno de Nicolás Maduro los vincula con una conspiración para, supuestamente, derrocarlo.

De acuerdo con legisladores oficialistas, el señor Martínez no solo fabricaba y reparaba armas en su casa -que fue allanada-, sino que también mantuvo contactos con opositores para "colocar silenciadores de largo alcance" en puntos estratégicos de la capital.

Después señaló:

-Uno de los parlamentarios afectos a Maduro, en la casa del papá de la actriz se encontró un taller donde se trabajaba "la metalmecánica y se laboraban ciertos complementos de armas como miras de francotirador, silenciadores y calibres de todo tipo de proyectiles".

Por su parte, la actriz lamentó las detenciones y, en el caso de su padre, indicó que es un hombre de 78 años e "impedido de una pierna que no se mete con nadie".

¿O sea cuál arsenal? tomaron una foto de armas y dicen que son de él y ya todo el mundo lo cree ¿por qué no pusieron a mi papá al lado de las armas?", escribió ella en su cuenta en Twitter.

La Guardia Nacional arremetió contra vehículos y residencias en Chacao, Barquisimeto y San Cristóbal

El 12 de marzo de 2014 el periodista Javier Ignacio Mayorca, de El Nacional, reportó:

-Las arremetidas indiscriminadas contra vehículos y conjuntos residenciales por parte de unidades de orden público de la Guardia Nacional Bolivariana obedecen a una táctica de guerra psicológica, que intenta restar apoyo a los grupos de manifestantes.

Estas acciones, en las que han sido utilizadas tanquetas y gases lacrimógenos contra personas y vehículos aparentemente desvinculados de las manifestaciones, han sido reportadas en Chacao, Barquisimeto y San Cristóbal.

El general (retirado) Raúl Salazar, quien fuera ministro de la Defensa, le declaró a Mayorca:

-Es una operación psicológica para que los que viven en el área no se les ocurra cooperar con los jóvenes que manifiestan.

(Dicho oficial general falleció en Miami el 9 de octubre de 2020)

Por su parte el general (retirado) Edgar Bolívar, ex jefe de Operaciones de la GN, explicó que tales acciones tienen la finalidad de amedrentar a los opositores.

-Se despliega –dijo- una fuerza más poderosa para disuadir a los que tienen menos poder, y evitar que actúen.

Posteriormente apuntó:

-Los oficiales indicaron que la repetición de estas acciones indica un patrón de escalada conflictiva. Desde el punto de vista de los militares, se quiere mantener la protesta confinada a ciertos sectores. Evitar que se extienda a lugares considerados sensibles para el Gobierno, como el Municipio Libertador.

Esta barbarie se repitió en 2017.

Un reporte del portal El Cooperante, de ese año informó:

-Caracas, 20 de julio. - La Policía Nacional Bolivariana irrumpió violentamente en las residencias Rita y Luis Alfredo de Los Ruices. Allí rompieron ventanas y desvalijaron vehículos.

Previamente, amenazaron con detener a quienes manifestaban en las calles participando activamente en el paro cívico. También reprimieron a las personas que estaban en los alrededores de Venezolana de Televisión con gases lacrimógenos y perdigones.

Y al final señaló:

-Los funcionarios habrían robado algunas motos tras romper el portón de las residencias Luis Alfredo.

Desde la azotea del canal del Estado, sujetos vestidos de civil y funcionarios militares lanzaron lacrimógenas y objetos contundentes contra los ciudadanos.

Niños, adultos y ancianos resultaron afectados por los gases que dispararon los efectivos de seguridad.

Otro reporte de la misma fuente informó:

-Caracas, 27 de julio. - La madrugada de este jueves, efectivos de la Guardia Nacional y Policía Nacional Bolivariana destrozaron el interior de las residencias Venezuela, ubicada en Coche, en Caracas, cuando reprimían a manifestantes.

Y añadió:

-Según informaron usuarios en la red social Twitter, los efectivos tumbaron la puerta de uno de los edificios de las residencias y rompieron todo lo que estaba a su paso.

Asimismo, se pudo conocer que lanzaron bombas lacrimógenas contra los protestantes y algunos vecinos optaron por resguardar sus vehículos en los estacionamientos cercanos por temor a daños.

El gobierno británico condenó la violencia

El 26 de marzo de 2014 el diario El Nacional, con información de EFE, reportó:

-El Gobierno británico condenó hoy "todos los actos de violencia" ocurridos en Venezuela, pidió "diálogo" a las partes y reclamó que se respete "el derecho a la libre expresión y a manifestarse de forma pacífica" en ese país.

Hugo Swire, viceministro de Exteriores del Reino Unido, emitió hoy un comunicado ante la persistencia de las protestas violentas en Venezuela, en el que se manifiesta "profundamente preocupado" por la situación y reclama a "todas las partes que tomen medidas para evitar la confrontación".

El alto funcionario aseguró sentirse profundamente preocupado por la situación del país, igualmente dijo que estaba triste por las muertes que han sucedido y condenó los actos de violencia.

-Es importante –enfatizó- que se respete el derecho a la libre expresión y a manifestarse de forma pacífica, y que a los que están siendo investigados se les garantice el debido proceso legal.

Además, pidió a todas las partes que "reduzcan las tensiones y creen las condiciones adecuadas para un diálogo genuino", y recordó que se encuentra en Venezuela una misión de la Unión de Naciones Suramericanas (UNASUR).

Luego indicó:

-Espero que ello pueda tener un papel positivo para ayudar a evitar la violencia y a promover la reconciliación en Venezuela", apuntó el alto representante de la diplomacia británica.

En estaciones del Metro aparecieron cadáveres simulados con bolsas negras, El Nacional, 11 de marzo de 2014.

El despacho de EFE recordó además que Venezuela vive una oleada de protestas desde el pasado 12 de febrero contra el Gobierno de Nicolás Maduro que han causado 35 muertos, cientos de heridos y casi dos millares de detenidos, en su mayor parte libres con medidas cautelares.

Heridos y asfixiados ingresaron al Hospital Universitario de Caracas

El 12 de marzo de 2014 el sitio Web de El Nacional reportó:

-La emergencia del Hospital Universitario de Caracas recibió a 16 pacientes de emergencia, la mayoría con asfixia y dos con heridas producto de impacto de bombas lacrimógenas hechas directamente sobre el cuerpo de los jóvenes, informó Ricardo Strauss, residente de Medicina Interna en el centro de salud.

Uno de los heridos, un hombre de 22 años llegó con tres lesiones producto de impactos cercanos de bombas lacrimógenas sobre el tórax, boca y pecho. Lo están atendiendo médicos de cardiología y cirugía del tórax para evaluar el daño que tiene, dijo Strauss.

Otro joven recibió el impacto de una bomba lacrimógena en el rostro y están siendo atendidos en la unidad de otorrinolaringología.

La nota finalizó así:

-Strauss informó que la emergencia permanece abierta y el resto de los accesos fueron cerrados por seguridad mientras ocurría la refriega en la entrada de la UCV. Señaló que no hubo bombas lacrimógenas cerca del centro de salud y los jóvenes asfixiados ya fueron dados de alta.

El 21 de abril de 2017 el portal El Estímulo reportó:

-En horas de la noche de este jueves en el sector El Cajigal de El Valle, se registraron diferentes protestas en la zona, lo que trajo como resultado la muerte de aproximadamente 11 civiles, y múltiples heridos, quienes fueron trasladados de emergencia al Hospital Clínico Universitario, en Caracas.

Luego explicó:

-Fuentes ligadas a El Estímulo informaron que aproximadamente a las 11:30 PM del jueves 20 de abril, ingresaron unos seis manifestantes heridos, de los cuales cuatro entraron con quemaduras eléctricas de segundo grado, y los otros dos con diferentes traumatismos.

Según afirman los pacientes, colectivos de la localidad derribaron postes de luz en la Avenida Intercomunal de El Valle, lo que generó que la gente que protestaba en el lugar resultara afectada, ya que tuvo contacto directo con la electricidad de las luces.

Asimismo, destacó:

-Además, los afectados aseguran que las personas de estos hechos violentos fueron colectivos armados de la localidad, y entre los lesionados estuvieron cuatro personas que fueron intervenidos a nivel quirúrgico en ese centro asistencial.

(La fotografía que ilustra el texto es de la autoría de Machado, de El Estímulo)

Acusan a Alcaldes opositores por protestas y guarimbas en Carabobo

El 9 de marzo de 2014 el periodista Gustavo Rodríguez, de Últimas Noticias, reportó:

-Valencia. A través de diferentes instancias judiciales los alcaldes carabobeños de los municipios Valencia, San Diego y Naguanagua, Miguel Cocchiola, Enzo Scarano y Alejandro Feo La Cruz respectivamente, han sido instados a terminar con las barricadas y recoger los escombros que obstruyen las principales vías de comunicación.

La insistencia de los tribunales penales a petición del Ministerio Público pretende devolver el orden y culminar con las constantes protestas que, por motivos disímiles, mantienen colapsadas desde hace casi un mes las diferentes calles, avenidas y entradas a las urbanizaciones.

Rodríguez añadió:

-Los alcaldes Miguel Cocchiola y Alejandro Feo La Cruz al igual que a Enzo Scarano, del municipio San Diego, han sido instados por tribunales penales a poner control en las zonas de protesta.

El alcalde Miguel Cocchiola ha insistido en la necesidad de retirar las barricadas, pero cada vez que las cuadrillas retiran una barricada, minutos después se encuentran con otra más fuerte y consolidada. Los vecinos buscan cualquier cantidad de desperdicios para lanzarlos en la calle.

Por su parte, el alcalde del municipio San Diego, Enzo Scarano y coordinador regional de la Mesa de la Unidad Democrática, ha insistido en que sólo el gobierno nacional y regional son los responsables de calmar el descontento social pues las policías municipales son las responsables en materia de control y orden público.

El periodista explicó además que Cocchiola, Scarano y Feo La Cruz han dirigido operativos de limpieza en sus diferentes municipios, pero han sido abucheados por los manifestantes y al cabo rato vuelven a instalarse.

Finalmente indicó que desde hace más de 20 días en diferentes municipios carabobeños se han registrado manifestaciones, barricadas y trancas para exigir la renuncia de Nicolás Maduro.

-Los cacerolazos –apuntó- son también cotidianos.

Las protestas tienen un alto costo

Si el dictador italiano Benito Mussolini tuvo sus chaquetas negras para reprimir violentamente y con toda impunidad la protestas contra el fascismo, la narcodictadura de Nicolás Maduro de Nicolás cuenta con los círculos del terror que creó el teniente coronel (retirado) Hugo Chávez bajo el nombre de colectivos, los cuales infiltran las manifestaciones pacíficas y las transforman en violentas a fin de promover la siniestra actuación de la guardia nacional y otros órganos mal llamados de seguridad del Estado, o bien amenazan directamente en las barriadas populares de Caracas y otras partes del país a los potenciales manifestantes políticos, activistas sociales, dirigentes populares, etc.

La conflictividad –escribieron los periodistas de El Nacional Franz Von Bergen y Laura Helena Castillo el 9 de marzo de 2014 por demandas sociales atraviesa toda la ciudad. Pero el descontento político tiene fronteras: evidenciarlo en zonas populares implica enfrentar coacción, amedrentamiento y agresiones de los grupos armados que logran contener las manifestaciones.

Y agregaron:

- "Si protestan, los matamos". Esa fue la advertencia que le hicieron los colectivos de la urbanización Simón Rodríguez a un vecino, luego de que él y un grupo montaran por tercera vez una barricada de protesta entre los bloques 9 y 10 de la conocida zona popular de la parroquia El Recreo (municipio Libertador). Lo hicieron poco después del 12 de febrero, cuando comenzaron en Caracas las manifestaciones, en las cuales se han registrado 22 fallecidos, 1.200 detenidos y más de 30 denuncias de tortura.

Contó Wendy Liendo, una de las promotoras de la idea:

-Lo hacemos a las ocho de la noche, después de que los colectivos se empiezan a recoger. Montamos la guarimba y nos escondemos en la planta baja de un edificio. Dos se ponen en cada esquina para cantar la zona. Si pasan los motorizados y las quitan, esperamos que se vayan y con linternas nos hacemos señales para salir y volverlas a montar. En la urbanización operan cinco colectivos integrados por entre 12 y 15 motorizados. La amenaza a uno de los vecinos de Liendo llegó la semana pasada, un día después de montar una barricada. Se acercaron a él en la calle y le dieron el mensaje.

Los periodistas explicaron:

-La protesta política tiene un costo alto en los sectores populares. Si bien la protesta social atraviesa todos los sectores con el reclamo de abastecimiento, salud, trabajo y seguridad el informe de Conflictividad Social de 2013 revela que 40% de estas estuvieron relacionadas con derechos laborales-, cuando la consigna se decanta en mensajes de rechazo hacia el gobierno la respuesta de los órganos de seguridad y de los movimientos sociales colectivos, UBCH (Unidades de Batalla Chávez) es rotunda y está dirigida: coacción, amedrentamiento, agresión. Los líderes más visibles del gobierno,

Nicolás Maduro y Diosdado Cabello, les han pedido que salgan a defender la patria.

Luego señalaron:

-En Catia, el miércoles amanecieron pintadas las paredes de por lo menos dos casas de la urbanización Urdaneta. "Aquí viven los enemigos del gobierno", "Guarimberos", señalaban las pintas hechas en viviendas de familias opositoras. Quedaron marcados.

Cuando se da una protesta en esa parroquia, Saverio Vivas vecino de allí y coordinador general adjunto de Primero Justicia en el lugar advierte que se repite un proceso: "Te interrogan cuando los colectivos llegan al sitio. Preguntan qué estás haciendo y luego intimidan con amenazas. Si sigues en el lugar, te insultan y después llegan a la agresión física. Si te defiendes, pueden venir con pistolas a agredirte más".

Después advirtieron:

-La situación no es nueva. En la campaña electoral del 14 de abril, un grupo de seis mujeres fue amedrentado al reunirse para apoyar al opositor Henrique Capriles. "Estaban esperando al candidato en el punto acordado. Como los colectivos bloquearon toda la zona y él no pudo llegar, las señoras quedaron solas en el sector los Frailes. Las atacaron con palos y la Policía Nacional tuvo que intervenir para resguardarlas", relata el dirigente de Primero Justicia.

Un dirigente local que mantuvo su nombre en reserva expresó:

-En Catia los colectivos se dividen en cuatro grandes grupos. Uno está constituido por miembros del sindicato de la construcción; otro trabaja con el partido Redes; otro lo relacionan con el ex alcalde de Libertador y diputado Freddy Bernal, y el último es muy cercano a Nicolás Maduro y su esposa, Cilia Flores.

Éste opera más que todo en el área de Boquerón, donde vive la familia de la primera dama y asegura la fuente- cuenta con miembros del Frente Francisco de Miranda.

El antes mencionado Saverio Vivas advirtió que algunos de esos grupos tienen entre sus integrantes a dos o tres delincuentes armados.

-Se acercan –afirmó- a concejales o diputados del PSUV para que les consigan carnets de instituciones del Estado y con eso empiezan a operar como colectivos, que están formados para contener la protesta en los barrios. La gente está inconforme y si no fuera por los colectivos, ya se hubieran sumado a las protestas y la situación sería incontrolable",

Otro informante, Ángel Cacique, dirigente copeyano de Catia, manifestó que "ya no se tiene claro cuántos son tarifados, cuántos son delincuentes y cuántos son líderes políticos o sociales".

Los periodistas apuntaron después.

-No se ha determinado el número exacto de colectivos afectos al Gobierno que operan en Caracas y otras grandes ciudades. Dirigentes sociales argumentan que han crecido de una forma "incontrolable" y es imposible llevar un registro preciso de su cantidad y mucho menos de sus miembros. Lo cierto es que existen en cada comunidad, generalmente más de uno, y muchos se activan para generar miedo entre los vecinos, a través de amenazas, insultos o acciones violentas.

Asimismo, hicieron referencia a una encuesta sobre las guarimbas hecha por el entonces ministro para la Transformación Revolucionaria de la Gran Caracas, Ernesto Villegas, en su cuenta en Twitter, y mucho de sus seguidores le respondieron que en las zonas populares todo estaba en paz.

-Más tarde –indicaron- el alcalde metropolitano Antonio Ledezma que le ganó a Villegas las elecciones hizo una invitación por esa red social: "Al régimen le interesa dividir a Caracas en dos. Caracas es una sola. ¡La democracia no pide permiso!". Pedía acudir a la marcha de ayer desde Las Palmas hasta el Ministerio de Alimentación, que fue impedida por la GN que cercó a los manifestantes.

Héctor Vizcaya, dirigente catiense, aseguró que "Muchos vecinos prefieren irse a protestar hacia el este de Caracas, donde se sienten más seguros", aunque eso no quita que hayan realizado pequeñas manifestaciones en su zona.

-Por ejemplo, -confió- en Carnaval organizaron una en la calle Panamericana y contaron con resguardo de la policía.

Según los periodistas, "Desde el lunes 24 de febrero, a los colectivos y miembros de las Redes de Movilización Inmediata (REMI) les dieron la orden de cuidar el municipio Libertador de Caracas "como sea", por lo que no se puede permitir la instalación de ningún foco de disturbios.

Un miembro de la REMI, que declaró de forma anónima, aseguró que "Pueden estar alzados 13 estados o más, pero el Gobierno está tranquilo mientras Caracas se mantenga tranquila" y "Detalló que las protestas serían repelidas con balas".

Los autores del reportaje aseveraron:

-No gratuitamente Cabello llamó al municipio Libertador "la joya de la corona" la noche del 8-D.

El pasado 5 de marzo, la orden pareció hacerse pública y se extendió al resto del país, cuando... Maduro pidió a los colectivos y a las Unidades de Batalla del PSUV que actuaran. "Candelita que se prende, candelita que se apaga", dijo en cadena nacional.

Dirigentes populares de oposición coinciden en que una de las principales estrategias de los colectivos es "generar miedo".

Al respecto el antes mencionado Vivas apunto que contratan a mototaxistas para que los acompañen y así crear la idea de que son más.

-Les dan –afirmó- pañuelos y camisas. Al final, sólo 3 o 4 están armados, pero eso no lo sabe la gente. Buscan aterrorizar.

Para los periodistas de El Nacional esa declaración coincide con la de un dirigente que era muy cercano a Lina Ron y que habló en condición de anonimato.

-Hay –dijo- mucho mito sobre esos grupos. En sus parroquias muestran fuerza con amenazas y pistolas en el cinto, pero fuera no tienen ese poder. En Las Minas y en Petare su presencia logró disolver dos asambleas populares el jueves en la noche.

Igualmente dejaron constancia de que todos los líderes comunitarios entrevistados para este trabajo aseguraron haber sido agredidos o amenazados por la actividad política que desarrollan en sus comunidades.

Más, en el intertítulo "En el interior delatan y golpean", los autores del reportaje asentaron:

-Dos madres con sus hijas tenían todo listo para salir a manifestar. Su aporte al grupo serían unos muebles viejos para hacer una barricada. Eran las 4:30 de la madrugada del lunes 17 de febrero en el sector La Fuente del Municipio Antolín del Campo en la vía hacia Playa el Agua, Estado Nueva

Esparta.

Las mujeres no habían terminado de salir de la casa cuando la policía las interceptó y se las llevó detenidas a El Tirano. Alguien las había delatado.

El expediente del caso dice que cuando las cinco mujeres llegaron al lugar donde las presentarían ya había cuatro testigos declarando en su contra. Eran sus propios vecinos.

Después apuntaron:

-En las zonas pesqueras y menos pobladas de la isla de Margarita no ha habido manifestaciones masivas en contra del gobierno de Nicolás Maduro. Solo tímidos cacerolazos. Una mujer proveniente de la zona de Altagracia se va a Pampatar a protestar porque en el lugar donde vive siente coacción. No solo Pampatar y Porlamar las zonas clase media- son más seguras, también son las pocas a las que llegan los diarios. De resto, en la isla se sabe lo poco que se dice en los medios radioeléctricos.

En Valencia, la avenida Cedeño es la frontera entre el norte y el centro, señalaron luego, recordando:

Allí mataron a Génesis Carmona durante una marcha. Después de que grupos de motorizados sitiaran el lugar y dispararan, no han vuelto a llegar grandes concentraciones a ese lugar. El límite quedó definido.

En la zona industrial de Carabobo, sin embargo, los vecinos están confundidos. Allí en La Isabelica- una militar de la Guardia del Pueblo golpeó a Marvinia Jiménez en un acto de represión que fue documentado gráficamente y llamó la atención del país. La Isabelica queda en el municipio Miguel Peña, uno de los más poblados del país y de votación tradicionalmente chavista, aunque en las últimas elecciones la oposición ha crecido. Algunos habitantes cuentan que la GNB dispara a los edificios cuando hay protestas. También dicen que los grupos que montan las barricadas se han subido a las azoteas y eso enciende el descontrol.

A continuación, escribieron:

-Por primera vez el fin de semana pasado el sur de Maracay se sumó tímidamente. En la avenida Aragua se concentraron personas de los sectores populares de Campo Alegre, Barrio Bolívar y 23 de enero. En casi un mes de protesta solo ha habido dos manifestaciones en estos lugares.

Joe Biden calificó como alarmante la situación en Venezuela

El entonces vicepresidente de Estados Unidos, Joe Biden, afirmó en una entrevista escrita realizada por la periodista Carolina Álvarez Peñafiel, del diario El Mercurio, de Chile, de fecha 9 de marzo de 2014, que enfrentar a manifestantes pacíficos con la fuerza, demonizar a los opositores y restringir la libertad de prensa, no está a la altura de los estándares de democracia que hay en la mayor parte del continente.

La crisis en Venezuela aseguró, "me recuerda a épocas pasadas, cuando hombres fuertes gobernaban usando la violencia y la opresión" y desestimó las "teorías conspirativas" con las que el gobierno venezolano acusa a Washington de injerencia.

A continuación, la entrevista:

CAF —Los críticos dicen que el gobierno de Obama no presta suficiente atención a la región. ¿Está preparado Washington para dar un paso más allá en términos diplomáticos y, por ejemplo, promover un esfuerzo con otros países para ayudar a resolver la crisis en Venezuela?

Biden: La situación en Venezuela es alarmante, el gobierno venezolano tiene una responsabilidad básica de respetar los derechos universales, que incluyen las libertades de expresión y de asamblea; proteger al pueblo de la violencia y comprometerse en un diálogo genuino en un país profundamente dividido. Hay un mejor camino y el pueblo de Venezuela espera que el gobierno lo tome. Enfrentar a manifestantes pacíficos con la fuerza y en algunos casos con milicias armadas, limitando la libertad de prensa y de asamblea —necesarias para el debate político legítimo—, demonizar y arrestar a los opositores y reforzar dramáticamente las restricciones para los medios no es lo que esperamos de democracias que son signatarias de la Declaración de los Derechos Humanos y de la Carta Interamericana, y ciertamente no está a la altura de los sólidos estándares de democracia que tenemos en la mayor parte de nuestro hemisferio. La OEA y sus miembros tienen un importante rol para reforzar las instituciones democráticas y para ayudar a resolver crisis políticas como la de Venezuela. Hemos visto llamados de la OEA y de países en la región para respaldar un diálogo real en Venezuela y llamados para que todos los actores eviten la violencia y la intimidación. La situación en Venezuela me recuerda a épocas pasadas, cuando hombres fuertes gobernaban usando la violencia y la opresión; y los derechos humanos, la hiperinflación, la escasez y la extrema pobreza causaban estragos en los pueblos del hemisferio. Esos días ya casi no existen gracias a la valentía de muchos hombres y mujeres en las Américas, quienes sufrieron personalmente en nombre de la democracia. Hoy, ellos son líderes de algunas de las sociedades más vibrantes e inclusivas de la región. He conocido y me he maravillado con estos líderes donde las urnas son el rey, donde los militares no pueden vetar la voluntad del pueblo, y donde los líderes gobiernan buscando los resultados, al asegurar los derechos de las futuras mayorías, comprometiéndose en el diálogo y protegiendo las libertades fundamentales. Ellos nos enseñan a todos nosotros, incluyendo Estados Unidos, que la democracia también implica consideraciones sobre cómo se ejerce el gobierno, no solo sobre cómo es elegido. El presidente Nicolás Maduro hasta ahora ha tratado de distraer a su pueblo de los temas más importantes que están en juego en Venezuela al inventar conspiraciones totalmente falsas y extravagantes sobre Estados Unidos. En lugar de eso, él debería escuchar al pueblo venezolano, y mirar el ejemplo de esos líderes que resistieron la opresión en las Américas, o se arriesga a repetir las injusticias contra las que ellos pelearon con tanta valentía".

CAF: —La crisis en Venezuela ha subrayado las diferencias políticas entre países de Latinoamérica. ¿Cómo define la relación de Estados Unidos con Latinoamérica o ve usted dos Latinoaméricas?

Biden: — El presidente Obama ha sido claro en que no estamos interesados en volver a las batallas ideológicas del pasado en este hemisferio, y ha trabajado por un futuro de mayor integración y respeto por los derechos universales. Los asuntos de las Américas siempre han sido importantes para Estados Unidos, pero importan aún más hoy porque lo que sucede en la región tiene un mayor impacto en nuestra prosperidad y seguridad. Al reconocer esto, el gobierno de Obama ha puesto en marcha el período de participación más sostenido de Estados Unidos en las Américas, en mucho tiempo, para aprovechar el enorme potencial de la región para beneficio mutuo. En mis viajes, he conocido a muchos líderes inspiradores quienes están trabajando para sacar a sus ciudadanos de la pobreza, diversificando y abriendo sus economías para competir a nivel global; y construyendo nuevos espacios para el diálogo y la cooperación. Este tipo de esfuerzos nos enseñan a todos que el pragmatismo y no la ideología, es el secreto del éxito. No es coincidencia que los países que han usado democracia y mercados abiertos para crear nuevas oportunidades para sus ciudadanos están entre las economías más prósperas de la región. Desafortunadamente, algunos en la región miran más al pasado que al futuro. Reconocemos que quedan algunos resabios de la Guerra Fría, de modo que las suspicacias son parte de la situación. Pero la mayoría de la gente en las Américas está cansada de pelear viejas batallas ideológicas que no ayudan en nada a sus vidas cotidianas. Nuestros ciudadanos quieren saber qué defendemos, no solo en contra de qué estamos. Hemos hecho un esfuerzo conjunto para mejorar nuestra relación con nuestros críticos más duros. A pesar de nuestra voluntad para tender puentes, no nos hacemos ilusiones de que esta relación mejore pronto. Afortunadamente, estos son casos aislados en una región donde una mayoría de países ven de forma positiva la relación con Estados Unidos y son nuestros socios en un amplio rango de áreas".

(Esta entrevista fue reproducida en El Nacional el 9 de marzo de 2014)

La Guardia Nacional continuó atacando residencias

Caricatura de Marvin Figueroa publicada en La Patilla

El 21 de febrero de 2014 el equipo de corresponsales de El Nacional reportó:

-Pese a los intentos de funcionarios de la Guardia Nacional de dispersar las concentraciones de estudiantes y vecinos en Carabobo, Bolívar, Lara, Mérida y Anzoátegui, las manifestaciones se mantienen, lo que ha ocasionado nuevas agresiones desde la madrugada.

En Mérida una tanqueta de la GN derribó una de las barricadas que mantienen las protestas estudiantiles en la avenida Las Américas. Desde la noche se han presentado frecuentes incursiones de los militares junto con grupos de motorizados en la avenida Las Américas, el sector Los Sauzales y algunos otros. En todos los casos se reportan disparos contra edificios.

Después señaló:

-José Torres, de 45 años, fue llevado a la fuerza por uno de los motorizados mientras manifestaba en el sector Los Campitos. Presentó golpes y heridas al lanzarse de la moto para liberarse de los captores.

Grupos de motorizados identificados con el oficialismo saquearon la oficina de Digitel que se encuentra en el centro comercial Plaza Mayor.

José Guerrero, comandante de los Bomberos ULA, denunció que la unidad de rescate número 3 y sus funcionarios fueron agredidos por estos grupos. Les dañaron los dos vidrios laterales cuando se encontraban cerca del IVSS.

En cuanto al Estado Lara El Nacional destacó.

-En Barquisimeto 53 personas han sido detenidas por la GN y el Ejército en las distintas manifestaciones de calle en Cabudare y Barquisimeto. Manuel Virgüez, del Foro penal, informó que todos los detenidos están en instalaciones militares. Durante las manifestaciones en Cabudare dos jóvenes resultaron heridos de bala. Uno de ellos recibió un disparo en la pierna derecha, mientras que el otro fue herido en la cabeza. Tanquetas reprimieron en Cabudare y el sector Río Lama de Barquisimeto. Vecinos reportaron que grupos de motorizados rondaron la ciudad generando temor en la colectividad.

Respecto al Estado Anzoátegui, reveló que “Las protestas del miércoles y jueves en la madrugada en el estado Anzoátegui causaron 7 heridos y 43 detenidos. 13 de los detenidos son menores de edad” y que “Familiares denunciaron que les quitaron sus pertenencias y los aislaron”.

Y en el Estado Carabobo reportaron un ataque con gases en San Diego por parte de la Guardia Nacional. Asimismo, una estudiante resultó herida en la zona de Tazajal, Naguanagua. Recibió un perdigonazo en el rostro que podría comprometerle la visión, según indicó la madre.

En el Estado Bolívar, 21 personas fueron detenidas en la incursión de grupos oficialistas y de la Guardia Nacional en distintas zonas de AltaVista, donde los funcionarios destruyeron los puntos de concentración de las manifestaciones estudiantiles en los últimos días.

Sobre el particular, vecinos señalan que los grupos de motorizados y militares atacaban con gases y disparaban armas largas y cortas contra los edificios. Carlos Zambrano, habitante de las residencias La Churuata, contó que la GN lanzó bombas dentro del conjunto residencial.

-El incidente se repitió –apuntaron los periodistas- a las 4:00 pm cuando vecinos comenzaron a reportar un ataque de la GN con bombas lacrimógenas. Los residentes los rechazaban tocando cacerolas. 20 funcionarios lograron ingresar. Vecinos reportan que, además de los asfixiados con gases, hubo seis heridos por perdigones.

La Policía Nacional hirió a manifestantes en Altamira

El 9 de marzo de 2014 Diario La Hora, de Porlamar, Estado Nueva Esparta, reportó:

-Dos heridos por contusiones y laceraciones atendieron este sábado en la noche Salud Chacao, debido a la protesta en el sector Altamira, la cual fue dispersada por los funcionarios de la Policía Nacional.

A través de Twitter, el entonces alcalde Ramón Muchacho agregó que 3 pacientes presentaron disnea por gases.

Al menos ocho personas fueron detenidas durante la represión de la Policía Nacional Bolivariana (PNB) a manifestantes que se concentraron en la plaza

...

Funcionarios de la Policía Nacional Bolivariana (PNB) persiguieron y reprimieron a los manifestantes.

Protestan por desabastecimiento

El sábado 8 de marzo de 2014 El Diario de Caracas reportó:

-La marcada división entre seguidores y opositores a la vía socialista venezolana liderada por... Nicolás Maduro volvió este sábado a las calles con protestas opositoras por desabastecimiento y actos oficialistas en los que el gobernante aseguró que los focos violentos se están extinguiendo. Las manifestaciones opositoras se suceden a diario desde el 12 de febrero bajo diversas demandas, y esta vez fueron en protesta por el desabastecimiento de productos básicos en mercados y supermercados, convocadas por la Mesa de la Unidad (MUD) y secundada en varias ciudades del interior del país.

A continuación, apuntó:

-Al igual que la concentración en Caracas, donde se impidió que se convirtiera en una marcha de mujeres opositoras que tenían previsto llegar hasta el Ministerio de Alimentación, las manifestaciones se desarrollaron asimismo sin incidentes en ciudades como Maracaibo (noroeste), Valencia (centro) y San Cristóbal (oeste), entre otras.

En Caracas, una concentración de cientos de personas tuvo que cambiar el recorrido de la manifestación, como había anticipado el alcalde oficialista, Jorge Rodríguez, quien anunció que en su zona carecía de permiso cualquier "marcha de la derecha".

Al no poder marchar, los manifestantes caraqueños con carteles como "No hay, no hay, no hay... ¿hasta cuándo?" o "Si tenemos los mismos problemas por qué hay dos bandos?" optaron por retirarse pacíficamente del lugar entre una gran cacerolada con ollas vacías.

Se trató, según un posterior balance de Maduro, de alrededor de un millar de mujeres que "cacerolearon fuertísimo" durante unas horas en contra de la carestía y la escasez de productos.

El desabastecimiento es uno de los principales problemas que afronta del país y el Gobierno admite que 28 de cada 100 productos medidos no se encuentran ni tienen sustituto, de lo que responsabiliza a "una guerra económica" que, denuncia, le ha declarado la oposición política y empresarial.

A la escasez se une la inflación, superior al 56 % en 2013, entre los problemas que explican "el descontento que recorre el país", se lee en el documento que la oposición pretendía entregar en el Ministerio de Alimentación.

Las protestas han sido diarias desde que el pasado 12 de febrero se celebró el Día de la Juventud, y han derivado en casos de violencia en 18 de los 335 municipios venezolanos, según Maduro.

En su momento, el narcodictador Nicolás Maduro mintió al afirmar que para la fecha quedaban 6 u 8 focos violentos en el país porque la mayoría se han extinguido gracias a los propios vecinos.

Por su parte la entonces Defensora del Pueblo, Gabriela Ramírez, informó que la institución que encabeza ha contabilizado 21 fallecidos en hechos de violencia vinculados a las protestas según un "informe preliminar".

-Diez de esas víctimas, -precisó Ramírez- fueron tiroteadas en las "guarimbas" (barricadas) levantadas en las calles.

Agregó la después divorciada del régimen que "La trampa más letal han resultado ser precisamente las 'guarimbas", y subrayó que son "trampas para cazar seres humanos".

La exfuncionaria informó además que su despacho a la fecha había recibido 44 denuncias por "violación a la integridad física", entre ellas casos presentados como tortura, todos los cuales, remarcó, "están siendo investigados por la presunta participación o actuación irregular de funcionarios uniformados del Estado".

Al final indicó que las protestas han obligado al "despliegue de 20.000 funcionarios de la Guardia Nacional en todo el territorio nacional".

Continuaron las protestas contra la narcodictadura

El viernes 21 de febrero de 2014 El Diario de Caracas reportó:

-Los venezolanos continuaron este viernes en las calles de todo el país en protestas contra el Gobierno de Nicolás Maduro que tras nueve días dejan un balance oficial de ocho muertos y más de un centenar de heridos, mientras la defensa del líder opositor Leopoldo López anunció que pedirá su liberación. En la antesala de las marchas convocadas por la oposición y el chavismo para el sábado, algunas zonas de Caracas y las principales ciudades del país siguieron siendo epicentro de nuevas concentraciones que incluían barricadas, quema de basura y consignas pidiendo la salida de Maduro.

Al respecto, la entonces fiscal general de la República, Luisa Ortega Díaz, informó que el número de heridos asciende a 137 y que ocho personas han muerto en hechos relacionados con las protestas que vive el país desde el pasado 12 de febrero: cuatro en Caracas, dos en el Estado Carabobo (centro), una en Sucre (oriente) y una en Lara (centro-occidente).

El Diario de Caracas continuó:

-Al hacer un recuento de los daños, la fiscal sostuvo que se han producido ataques a estaciones de metro, comercios y sedes bancarias, así como a vehículos de policía y a las casas de los gobernadores de los estados Táchira (oeste) y Aragua (centro).

El entonces ministro del Interior, Justicia y Paz Miguel Rodríguez afirmó este viernes que Táchira se encuentra en calma y que militares recogieron 180 toneladas de escombros metálicos.

> *Cabe destacar que, en la fecha de redacción de este texto, 2 de junio de 2022, el citado exfuncionario era huésped de una de las prisiones de la narcodictadura, tenía sería quebrantos de salud que las autoridades pertinentes se negaban a tratar y había sido despojado arbitrariamente de su rango de general del ejército.*

Por su parte, en rueda de prensa Nicolás Maduro afirmó que hay funcionarios públicos que están detenidos y siendo investigados por la muerte de tres jóvenes el miércoles 12 de febrero al término de una marcha pacífica de estudiantes y opositores por Caracas, punto inicial de las protestas que se han sucedido desde entonces en todo el país.

> *Las protestas del 12 de febrero de 2014 contra el régimen dictatorial de Nicolás Maduro no se iniciaron en Caracas sino en Porlamar, Estado*

> *Nueva Esparta. Varios estudiantes fueron detenidos por los organismos policiales, siguiendo directrices del entonces gobernador de la entidad, Carlos Mata Figueroa, y confinados en el Internado Judicial José Antonio Anzoátegui, de Barcelona, una cárcel de alta seguridad conocida como Puente Ayala.*

Dijo en esa ocasión:

-Están detenidos parte de los involucrados que usaron armas, los que son funcionarios públicos los entregué inmediatamente, apenas vi las fotos los mandé a detener y apenas la Fiscalía me los pidió los entregué con armas y todo.

Sin embargo, como ya es su costumbre, mintió al destacar que estos funcionarios del Servicio de Inteligencia (SEBIN) "hasta ahora son la excepción dentro del comportamiento disciplinado y profesional del personal" de ese cuerpo.

Igualmente aseguró que en Venezuela no se tortura ni se vulneran los derechos humanos como han denunciado miembros de la oposición y que está investigando unos vídeos que han corrido por internet con supuestas vulneraciones de los derechos.

-Las ordenes que hemos dado, las únicas que podríamos dar, de acuerdo con lo que es nuestra ética humana, -mintió descaradamente- es aplicar la ley y respetar a los ciudadanos, hay demostraciones públicas, de respeto a eso, muchas.

Los carceleros de la narcodictadura se niegan a soltar los Presos Políticos

Ni la fiscalía general, que debería ser de la República, pero en la práctica es una herramienta del narcodictador, ni la Defensoría del Pueblo, menos los jueces que emiten las boletas de excarcelación hacen valer la ley cuando los carceleros se niegan a dejar en libertad a los presos políticos que ya han cumplidos sus condenas.

El 3 de junio de 2022 Fran Tovar, del portal Costa del Sol, con información de Guiomar López, de La Prensa de Lara, Barquisimeto, reportó:

-Como una violación de los derechos fundamentales y dejando sin autoridad al juez, así consideran juristas y defensores humanos que es la situación de más de 13 presos políticos que cuentan con la boleta de excarcelación, pero siguen en centros penitenciarios.

La fuente agregó:

-El Foro Penal reitera la falta de condena de 202 presos políticos, del total de 237 que hay en el país. Confirman que el peso político les acentúa ese retraso, sin respeto de los lapsos correspondientes en el proceso judicial.

Abraham Cantillo, vocero de esa ONG, afirmó al respecto que se trata de un conglomerado que afecta a todos y se violan los derechos.

-Hasta se choca –explicó- con la condición del tribunal.

Por su parte, Humberto Prado, director del Observatorio Latinoamericano y del Caribe de Prisiones, así como fundador del Observatorio Venezolano de Prisiones, aseveró:

-Sorprende que solamente tenemos identificados 13 casos, pero se trata de más afectados.

El activista de los derechos humanos insistió, además, en recordar que el juez tiene la potestad porque al emitir la boleta de excarcelación o cualquier otra medida, el director del penal debe ejecutarla de inmediato.

-Pero, lamentablemente –indicó- se espera la autorización de la propia ministra. Todo es inconstitucional, violación en todo momento y hasta con jueces que quedan sin autoridad, por miedo.

Luego se preguntó: "¿Quién está detrás de que no se acate?", considerando que luego del Ministerio de Asuntos Penitenciarios se encuentra el presidente de la República.

Según Prado, "Se trata de un juez sin autoridad y con miedo en un país, donde no se sabe quién manda",

Asimismo, consideró que al Estado se le escapa el control de las cárceles.

-Es un desastre –precisó- cuando te consigues extorsiones desde cárceles y los abusos de los pranes".

El activista igualmente se lamentó de esos cambios que se han dado desde el período de Hugo Chávez con tantos filtros y que hasta con el denominado

Ministerio de Asuntos Penitenciarios se tienen tres viceministerios y 13 direcciones generales penitenciarias, pero se olvidan de asegurar la atención y se ignora el presupuesto para esta comunidad, cuando se conocen 126 reos fallecidos en 2021, 90% de ellos víctimas de la desnutrición y tuberculosis.

Para el abogado, Joel García, "es una situación gravísima que no se respete el derecho a la libertad" y señala del Estado de derecho que llega a ser forzado, cuando los juicios ni siquiera se ajustan a los tiempos previstos, que califica como un problema estructural en la capacidad de administrar justicia y mantener a estos presos en penales que condenan a la fatalidad por falta de atención médica, desnutrición, sin condiciones de higiene, obligados a pagar por el agua que consumen y con la dificultad del aporte de sus familiares.

El ya citado vocero de la ONG Foro Penal, Abraham Castillo, reiteró igualmente el recordatorio de seguir luchando por el cumplimiento de los lapsos legales al considerar que es una práctica a la que está expuesta toda la comunidad penitenciaria. -El Estado –alegó- está obligado a cumplir, pero se termina en vulneración de derechos", rezonga.

De igual modo, Henderson Maldonado, miembro del Movimiento Vinotinto, se refirió a los procesos dilatados que no respetan los tiempos, empezando desde la primera audiencia, las cuales siempre se retrasan y generan una impresión de que se contemplará una investigación de por vida.

-El Estado –comentó- debe resarcir los daños, incluso con deudas pendientes de esos casos de 2017, durante las protestas.

Más adelante, la fuente indicó que los expertos resaltaron el caso del larense Darío Estrada, detenido el 24 de diciembre de 2020 por supuesta vinculación con boicot y lamentan que ni les permitieron apoyarlo en cuanto a la defensa de su caso, obligando a la defensa pública y actualmente se encuentra en un calabozo en la ciudad de Caracas, sin respuestas para su caso.

Luego señaló:

-Cuando el abogado, Joel García, quien lleva la defensa del periodista Roland Carreño, explica cómo se paraliza el proceso desde el tinte político, asevera que no depende de fiscalía ni del juez, sino que trasciende al carcelero.

Es una situación gravísima al terminar el juicio y se ordene la libertad, pero no se cumple. Una zozobra total.

Se trata de quién ordena y que sólo se identifica como la espera de una orden superior", lamenta de un proceso que termina más lento y engorroso. "¿Cómo es posible que la boleta de excarcelación no garantiza la libertad?", reitera de lo que califica como una condena a muerte por anticipado. Riesgos que van desde enfermedades que no son atendidas por médicos, precarias condiciones en desnutrición y el pesar de la incertidumbre por lapsos procesales indefinidos.

García también criticó las contradicciones entre las leyes y aplicación de estas, con el peso mayor en quienes llevan la sombra de la persecución del Gobierno.

-Derechos –recalcó- tirados al olvido y con cargos que les cuesta para confirmar. No hay voluntad.

Maduro: matar, torturar y encarcelar por un fracaso

El domingo 9 de marzo de 2014 en El Diario de Caracas y el portal Descifrado el periodista Manuel Malaver expresó en el reportaje escrito al efecto que por un fracaso Nicolás Maduro ha matado, torturado y encarcelado a sus oponentes.

-Es una fatalidad -sentenció de inicio- que al mundo democrático le costó procesar, entender y creer -aun cuando la oposición la denunciaba y demostraba de manera irrebatible y contundente-, pero al final los hechos terminaron imponiendo su rostro bronco, agrietado y feroz: en Venezuela llevaba 15 años imponiéndose una dictadura que, como todas las de su género, concluiría transitando el camino de la guerra, la violencia y la muerte.

A continuación, precisó:

-Fue una duda sembrada por la liviandad de un hábil demagogo, experto, además, en comprar lealtades y conciencias, y creador de un modelo político y económico híbrido por el que, el viejo, mohoso y anacrónico comunismo estalinista y castrista, se camuflaba ahora en los moldes de la democracia constitucional que se presentaba con afanes de novedad, pero solo para esconder las dagas, cañones y fusiles de siempre.

Luego explicó:

- "Democracia participativa y protagónica" se llamaba, por oposición a la "democracia representativa y constitucional", y que, tal demostraron historiadores como Germán Carrera Damas y politólogos como Aníbal Romero, era una trampa para atrapar incautos, puesto que, traía el contrabando del caudillo, del autócrata y del dictador que terminaría siendo el único "participativo y protagónico".

Pero Chávez no venía con una, sino con un arsenal de trampas, y para desestabilizar a sus críticos, agitó el mascarón de proa de la "constituyente", que empezó siendo el primero de muchos "golpes" con los que las mayorías fueron colocándose en el cuello el dogal de la dictadura.

Después destacó:

- "Dictadura constitucional", la etiquetaron algunos, otros "electoralista" y los más "neototalitaria", pues traía el veneno añoso pero eficaz del estalinismo y el castrismo, pero en odres nuevos.

Lo que siguió fue un espectáculo que, como traía la oferta de redimir a los pobres, establecer la igualdad, corregir las injusticias sociales y combatir la corrupción, pero desde la fortaleza de un Estado rico (ya que contaba con un importante ingreso petrolero), se le dio el beneficio de la duda del "ahora sí", pues si los socialistas habían fracasado porque no lograron producir la riqueza que prometían distribuir ¿cómo podían repetir el fracaso en un socialismo que nacía rico, en uno que contaba con una renta de la tierra cada vez más cuantiosa, inagotable, y de fácil demanda, colocación y realización en los mercados internacionales?

¡Y fracasó...! Fracasó, no solo porque el socialismo es un voraz dilapidador de las riquezas que encuentra, sino porque destruye las fuentes, herramientas y razones físicas y morales por las que se producen.

A continuación, destacó:

-En el caso venezolano le tocó, primero, a PDVSA, la estatal petrolera creada después de 80 años de esfuerzos del pueblo venezolano y responsable del 70 por ciento de las divisas que ingresaban al país. Después a la industria pesada, mediana y manufacturera. Y, por último, al aparato productivo agrícola privado, que, a causa de las invasiones, expropiaciones y confiscaciones a sus fundos y haciendas para ser estatizados y colectivizados, devinieron en baldíos.

El caso fue que, como herencia a su sucesor Maduro, Chávez, al momento de su muerte hace un año, dejó un país con su producción reducida a casi cero, pues, de una parte, el ingreso en dólares sufrió una merma continua por el colapso de PDVSA y el comportamiento a la baja de los precios del crudo; y de la otra, ya no hay producción agrícola nacional y mucho menos petrodólares para importar alimentos.

En otras palabras: que el socialismo de ricos nos hizo pobres, de exportadores en importadores, de autosuficientes en insuficientes, de sustentables en insustentables, de financistas en deudores, y de dadores en unos lamentables pedigüeños que sobreviven vendiendo la soberanía a países como Rusia y China, que ya son dueños de una parte significativa de las reservas de crudo, y somos insolventes con empresarios de países como Brasil, Argentina y Panamá, a los cuales debemos cerca de 10 mil millones de dólares.

Más adelantó asentó:

-Y como consecuencia, hay hambre en Venezuela, por noches y días seguidos se apiñan pobres y ricos a las puertas de abastos, mercados y supermercados, porque se acabó la leche, la carne, la harina de maíz, el arroz, la pasta, el café, el aceite, y el papel tualé.

Para decirlo en breve: estamos como en Cuba, o Corea del Norte, después de haber descendido de las alturas del último ciclo alcista de los precios del crudo (2004-2008), que en su pico llegaron a 128 dólares el barril y le generaron al tesoro nacional un ingreso de DOS BILLONES DE DOLARES.

Pero es que tampoco hay medicinas, y los pacientes de enfermedades crónicas como la diabetes, la hipertensión, las cardíacas y el cáncer, pueden agravarse o morir porque los tratamientos medicados desaparecieron pues el Estado rico y petrolero no tiene recursos para pagarle a los laboratorios que los fabrican o importan.

Pero de los venezolanos que escapan de las enfermedades y de la escasez de medicinas, tampoco puede decirse que estén a salvo, porque somos el 5to país del mundo con mayor índice de inseguridad, y en 2013 tanto como 25.000 nacionales perdieron la vida por la acción de bandas, pandillas y mafias de delincuentes que, no solo no tienen ningún contén del Estado, sino que cuentan con su simpatía y hasta con su complicidad.

En los párrafos argumentó:

-Si concluimos que este es el país en el cual Chávez, con la ya comentada "constituyente", puso fin a la independencia de los poderes, interfirió e hizo fraudulento el sistema electoral, partidizó la Fuerza Armada Nacional, se convirtió en financista y se hizo súbdito de la obsoleta, octogenaria y anacrónica dictadura de los hermanos Castro de Cuba, rebanando y haciendo inútiles los derechos humanos que prescribe la Constitución, percibimos cuál es la Venezuela en la cual un Estado neototalitario pretende reducir a sangre y fuego la protesta popular.

Una represión que después de 4 semanas ya cuenta 22 muertos, 261 heridos y 1199 detenidos y que será la única en el mundo que se habrá perpetrado por un fracaso, por un error, por una inutilidad, como que no hay un solo ejemplo que logre demostrar que el socialismo sirva para algo, y menos en la nación donde se experimentó con las mejores probabilidades de imponerse y concluyó en lo siempre: la URSS, la China de Mao, Cuba y Corea del Norte.

Por eso, a quienes hoy asesinan, torturan y encarcelan venezolanos, no se les puede etiquetar de "equivocados", "utopistas", "fanáticos" o "fundamentalistas", sino de simples y gruesos criminales, de asesinos por naturaleza, que en poco tiempo estarán vistiendo el uniforme de los presos comunes.

Gatillos alegres de la especie de Maduro, Cabello, Jaua, Rodríguez Torres, Benavides, Vielma Mora y otros que ni siquiera farfullan los argumentos de aquellos dictadores que hicieron alguna historia, sino que repiten el horror de los que destruyeron la que había, esperpentos como Raúl y Fidel Castro.

Aviones de guerra intimidan al Táchira

Santiago Alcalá, del semanario La Razón, reportó en la edición del 23 de febrero al 2 de marzo de 2014:

-El sobrevuelo de aviones de guerra ordenado por Nicolás Maduró (colombiano hasta que demuestre lo contrario y mameluco cubano sin prueba en contrario) sobre San Cristóbal es, sin lugar a duda, la acción más criminal, torpe, brutal, indecente, jamás ordenada por gobernante alguno contra una región específica de nuestro país.

Y agregó:

-En mala hora, nos hemos acostumbrado, a la represión presupuestaría alevosa que Chávez, antes y ahora, Maduro —colombiano basta que pruebe lo contrario- han emprendido contra estados y municipalidades que han sufragado contra el oficialismo.

En Caracas, los matones de la "Esquina Caliente" y de los "Círculos Bolivarianos" — hoy con el remoquete de "Colectivos"- atacaron bienes y servicios de la capital. Todo porque eligieron en 2008 a Ledezma para alcalde metropolitano. Carabobo, Zulia. Táchira, Nueva Esparta y el propio, Miranda, durante los mandatos regionales de Salas Feo, Rosales y Pablo Pérez, Pérez Vivas, Morel Rodríguez y el mismo Capriles Radonski, sufrieron acosos similares. Pero hasta ahora no se habían atrevido a tanto.

Luego apuntó:

-La legislación tutelar de menores, prohíbe los castigos generales. Ningún maestro, puede sancionar un salón entero, por falta individual de un alumno. La norma se encuentra incluida en la LOPNA, pero también en las convenciones internacionales sobre la materia, "Hasta que no digan quien fue el que tiró el 'peo líquido', se queda toda la clase hasta las siete de la noche" le oímos muchas veces a cultores del sadismo en la enseñanza.

Sabia previsión normativa, que proscribe que paguen justos por pecadores. Pero lo más importante, desalienta la vena delatora —acusetas, los llamábamos de niños- que tienen algunos desde chiquitos.

Menos mal que el texto inicial de la LOPNA fue sancionado durante el segundo gobierno del doctor Caldera. De haber sido obra legislativa del "Gigante" o de su "Enano", más bien hubiesen incluido un inciso para becar a los estudiantes sapos.

Después apuntó:

-Cuando Reinhard Heydrích genocida nazi fue ajusticiado —con justicia por-los partisanos checos en el barrio de Libden (Lídice en castellano y epónimo de nuestra popular barriada), el régimen nazista, ordenó una matanza general contra la población de la barriada, hasta tanto, éste no delatase a los autores del atentado.

Con el sobrevuelo de aviones de guerra, intimidantes, traumatizantes, contra la población civil de San Cristóbal, Maduro (colombiano hasta que demuestre lo contrario) ha ingresado a la galería más conspicua de desgobernantes canallas.

Enseguida se preguntó:

¿Con qué arsenal iban a bombardear los Sukhoi rusos a los tachirenses, niños y niñas cuando pasaran rasantes sobre San Cristóbal? ¿Con terror o con bacinillas de caca o de orina que portaran los pilotos de nuestras heroicas FFAA?

Al final expresó:

-El objetivo era la delación por intimidación y las víctimas, adultos y niños. Mujeres y hombres. Partidarios y rio partidarios de la supuesta Revolución, -

Desde San Cristóbal nos reportan, niños y niñas que sufrieron desórdenes nerviosos, ataques de asma y problemas para conciliar el sueño. Una nueva página para el voluminoso historial de crímenes perpetrados por la supuesta Revolución y sus supuestos revolucionarios.

La crueldad y la muerte como políticas de Estado

Aterrorizar a la población que lo repudia, con el concurso del G2 cubano, la Guardia Nacional y otros factores de las Fuerzas Armadas, así como los círculos del terror es una práctica inconstitucional empleada por el régimen para atornillarse en el poder. Todo ello con el silencio cómplice de la Defensoría del Pueblo y la fiscalía general de la República.

En la edición correspondiente al 23 de febrero al 2 de marzo de 2014 del semanario La Razón, el columnista José Rafael López Padrino denunció que la narcodictadura de Nicolás Maduro utiliza el asesinato y la tortura como políticas de Estado.

En mayo de 2022 elementos del PSUV violentaron un acto político que se realizaba en Maracaibo con la presencia del presidente interino Juan Guaidó. Ni la Guardia Nacional ni la policía, presentes en las cercanías del evento, actuaron para restaurar el orden.

-Los venezolanos –explicó el autor del texto- han sufrido en los últimos días una de las peores razias represivas de su historia a manos de la nefasta Guardia Nacional, el Servicio Bolivariano de Inteligencia Nacional (SEBIN) y las bandas armadas al servicio del régimen. La represión contra la protesta social ya suma 10 personas asesinadas, más de 250 personas sometidas a régimen de presentación de las 3.000 que ya existían y cerca de 55 manifestantes encarcelados.

Aplicando la Doctrina de la Seguridad Nacional y la dicotomía "amigo-enemigo", el gorilato bolivariano y su títere Maduro han institucionalizado un nefasto terrorismo de Estado y una miserable violencia política. Terrorismo de Estado que adopta el sigilo, el asesinato, el ataque por sorpresa, las prácticas delictivas, el uso de grupos paramilitares, la tortura e inclusive la violación (caso Juan Carrasco) a fin de restablecer "la paz ciudadana".

Sobre el caso de Juan Manuel Carrasco el portal español ondacero.es refirió el 20 de febrero de 2014 que a la víctima la Guardia Nacional le quemó su vehículo, le dieron una paliza y le introdujeron un fusil por el culo.

El columnista añadió:

-Terrorismo que no solo elimina al enemigo político, sino además convence al ciudadano común que su vida está supeditada a su incondicionalidad frente al régimen. Ello acompañado de una desarticulación conceptual del idioma y vaciamiento de contenido a fin de confundir a las masas populares. Por ejemplo, el régimen habla de paz y amor, pero militariza, reprime y asesina a jóvenes. Hablan de colectivos de paz y amor, pero son los mismos grupos de maleantes que siembran el terror y la muerte en nuestras ciudades.

Además, recurren a un lenguaje falso para eludir la responsabilidad de nominar lo ignominioso. Se metaforiza el horror para volverlo discursivamente aceptable. Maduro y su pandilla de matones jamás emplean expresiones directas como 'matar', o 'liquidar' al disidente, sino que recurren a un neolenguaje banalizador a fin de encubrir la represión y el asesinato de quienes disienten y protestan su política.

Luego indicó:

-Mediante la construcción de un lenguaje comunicacional "aséptico", y de un discurso descalificador de sus víctimas, el régimen pretende que la violencia orientada a exterminar a la disidencia sea percibida como algo saludable para el país y no como un vulgar sicariato político. Valdría la pena recordar al nazi Adolf Eichmann durante su juicio en Jerusalén quien llegó afirmar: "Cien muertos es una tragedia, cien mil es estadística y nada más". Al igual que Eichmann los fachochavistas apelan a un discurso naturalizador del asesinato, de la muerte, a fin de enmascarar su agenda violenta como paradigma de su "bastarda revolución".

Pero además el régimen pretende que no se visualicen los abusos, las violaciones y los asesinatos perpetrados por sus asesinos uniformados (Guardia Nacional, Policía Nacional) y no uniformados (colectivos hamponiles) en el país y fuera de nuestras fronteras. Por ello imponen un blackout informativo, sacan del aire a canales de TV y expulsa del territorio nacional periodistas extranjeros. Pero lo que aún es peor es que estos asesinos a sueldo son presentados como ciudadanos respetuosos de las leyes dispuestos a cualquier sacrificio a "favor de la paz de la República".

Después destacó:

-La llegada al poder del Social fascismo Bolivariano ha permitido una reposición de la obra de George Orwell, "1984". El lenguaje lo recrearon, se lo apropiaron, lo "nazificaron", y lo esparcieron a todos los confines de la sociedad "a punta de bayonetas y balas". Los venezolanos vivimos vigilados todo el tiempo, bajo un férreo control ideológico, una hegemonía comunicacional, y una represión dirigida a fin de lograr el sometimiento de la población.

La ideología fachochavista representa un proyecto reaccionario, resultante de una combinación de una retórica socialista con un accionar fascista. Esta explosiva combinación ha dado origen a la barbarie, a la bazofia que hoy "desgobierna" al país. Un proyecto que aliena, que genera una falsa conciencia revolucionaria, que desdramatiza los asesinatos y crea una atmósfera de "normalidad" alrededor de los perpetradores de ellos, y que pretende rescribir la historia desde la impunidad, desde la censura de la memoria, desde la deformación de la realidad y del olvido.

Y finalizó señalando:

-Como en el pasado, ahora también se violan los derechos humanos y se encarcelan a quienes ejercen el derecho de la protesta en nombre de un grotesco y falsificado socialismo.

El 7 de junio de 2022 TalCual reportó:

-El líder del colectivo "La Piedrita" que opera en el 23 de enero, Valentín Santana, amenazó a través de un video al sindicalista y dirigente de Fetrasalud Pablo Zambrano tras acusarle de meterse con la salud del pueblo.

Santana hizo un llamado a los obreros de la salud para que la defiendan de ese llamado a paro de los empleados convocado por Zambrano en los centros hospitalarios debido a los bajos sueldos y las críticas condiciones en los que se encuentran.

Señaló directamente a Pablo Zambrano en el audiovisual que rodó por las redes sociales en el que le insta a hacer una marcha para "repudiar" el "bloqueo" por parte de Estados Unidos en vez de perjudicar a los ciudadanos venezolanos.

Este siniestro personaje, sobre quien pesan tres órdenes de aprehensión dictadas por tribunales penales, fue calificado de criminal por el teniente coronel (retirado) Hugo Chávez en un artículo publicado en el semanario Quinto Día. Sin embargo, ni él ni su sucesor Nicolás Maduro le pusieron los ganchos. Pareciera que tiene licencia para matar.

También dijo:

-Al señor Pablo Zambrano, de Fetrasalud. ¿Por qué tú no haces una marcha en contra del bloqueo económico que nos tiene el imperialismo norteamericano? ¿Por qué no repudias el bloqueo que nos tienen los yankis? ¿Por qué te quieres meter con la salud de nuestro pueblo? Por eso ante el llamado tuyo de querer parar los hospitales, yo llamo al pueblo a que te repudie, y lo hacemos desde aquí, desde La Piedrita.

Más atropellos de la Guardia Nacional

De los órganos de exterminio de la narcodictadura es la Guardia Nacional el más letal y, a la vez, el que cuenta con el mayor número de efectivos encarcelados por oponerse al régimen.

El domingo 23 de marzo de 2014 El Universal reportó:

-Caracas.- Pasadas las 10:30 pm de este sábado y luego de estar cerca de tres horas detenida, rindiendo declaraciones "en calidad de testigo", la periodista del diario 2001, Mildred Manrique fue liberada.

Estuvo en el Destacamento N 51 de la Guardia Nacional Bolivariana (GNB) tras cumplirse un allanamiento en su residencia ubicada en el edificio For You de Altamira, municipio Chacao.

Su defensa indicó que se "esperó la rendición de declaraciones ante el cuerpo castrense para retirarse del recinto".

El allanamiento a su apartamento se cumplió el sábado durante la tarde luego que efectivos de la GNB fueran supuestamente repelidos con objetos contundentes desde los pisos superiores del inmueble. Tres jóvenes habrían estado detrás de la acción.

Luego apuntó:

-En horas de la noche de este sábado el General de Brigada Manuel Quevedo, Jefe del Comando Regional Nro. 5 confirmó el allanamiento del edificio For You, específicamente se hizo un procedimiento en el apartamento 5-B, donde dijo, reside una periodista del Bloque Dearmas.

De este represor de la Guardia Nacional registra Wikipedia, la enciclopedia libre:

- Siendo General de Brigada fue jefe del Comando Regional número 5, situado en la Gran Caracas. Abandonó ese cargo a finales de mayo de 2014, después de estar al frente de las neutralizaciones de las protestas que se registraron desde febrero toda la capital de país. Mediante las redes sociales dijeron, para entonces, que fue relevado del cargo por Favio Zavarse después que su hijo fuera uno de los detenidos en el campamento que estudiantes habían establecido como forma de protesta en los espacios del Programa de las Naciones Unidas para el Desarrollo.

En otra parte se lee:

-El 15 de febrero de 2019 la Oficina de Control de Bienes Extranjeros (OFAC) del Departamento del Tesoro de los Estados Unidos dio a conocer que Manuel Quevedo, junto a otros cuatro funcionarios del Gobierno de Nicolás Maduro, fue incluido en la lista de sancionados por el organismo norteamericano.

El secretario del Tesoro, Steven Mnuchin, expresó a través de un comunicado que "tenemos la intención de perseguir a aquellos que facilitan la corrupción y la depredación de Maduro, incluso sancionando al presidente de PDVSA y a otros involucrados en la malversación de activos que legítimamente pertenecen al pueblo de Venezuela".

(...) El 15 de abril de 2019 Quevedo fue sancionado por el gobierno de Canadá, junto a otros 42 funcionarios del gobierno de Nicolás Maduro. De acuerdo a declaraciones de la ministra de relaciones exteriores canadiense, Chrystia Freeland, los funcionarios están siendo sancionados porque "están directamente implicados en actividades que socavan las instituciones democráticas".

(..) Su nombre figura entre los funcionarios y empresarios, relacionados con el gobierno de Maduro, sancionados por el TIAR el 3 de diciembre de 2019. Las sanciones incluyen la congelación de cuentas y la prohibición de ingresar a territorio de los países miembros del Tratado.

Y aclaró después:

-Quevedo se refería a Mildred Manrique periodista del diario 2001. El inmueble está ubicado frente a la Plaza Altamira en la avenida San Juan Bosco. Según se informó, en el apartamento habrían sido localizados implementos como chalecos antibalas y cascos, además de una computadora con supuesto material contrario al Gobierno. Sin embargo, en estos días muchos comunicadores sociales cuentan con dichos implementos para la cobertura de las protestas que se han venido desarrollando desde el 12 de febrero.

Al final indicó:

-Por su parte el abogado Alfredo Romero en su cuenta en la red social Twitter indicó además que Geraldine Falcone, hija del cónsul de Italia en el país también habría sido sacada y detenida del edificio por la Guardia Nacional Bolivariana (GNB).

En @alfredoromero se precisó que cerca de las 8:00 p.m otros detenidos en el For You fueron Katherine Suárez, César Rei, y Francisco González.

Sobre ese caso una nota de Marjuli Matheus, del diario Últimas Noticias, de fecha 22 de marzo de 2014 había reseñado:

-Este sábado en horas de la noche efectivos de la Guardia Nacional Bolivariana detuvieron a la periodistas Mildred Manrique del diario 2001.

El abogado y miembro del Foro Penal, Alfredo Romero, confirmó la información a través de su cuenta en Twitter e informó que la periodista fue enviada a Fuerte Tiuna junto con otras cinco personas. Más tarde, se confirmó que Manrique fu trasladada al Destacamento Móvil 51 de la GNB en El Paraíso.

Y añadió:

-La también comunicadora Jenny Oropeza, y compañera de labores de Manrique, dijo a través de su cuenta en Twitter que "la Guardia Nacional acusa a las periodista Mildred Manrique de terrorista por poseer chaleco antibalas, casco y máscara anti gases". Oropeza destacó que los efectivos castrenses también estarían requisando el apartamento de Manrique y habrían decomisado las computadoras.

La periodista fue despojada de su teléfono. El hecho se produjo en el edificio "For You" de Altamira en horas de la noche de este sábado. En el lugar funcionan dos embajadas.

Luego explicó:

-Según detalles aportados por el Colegio Nacional de Periodistas, dicho procedimiento se habría efectuado sin orden judicial. La periodista llegó en horas de la tarde a su domicilio ubicado en Altamira y encontró la entrada forzada y funcionarios de la GNB.

"Hablé con ella y me confirmó que al llegar de su trabajo consiguió su apartamento revuelto, efectivos GNB, aparentemente desconocidos entraron a la fuerza y dejaron evidencias de supuesto ataque con piedras a la policías, pero resulta que su apartamento no había nadie", dijo Hernán Lugo Galicia, directivo del CNP Caracas.

Por su parte el general Manuel Quevedo, Jefe del Core 5 de la GNB, dijo que en apartamento de Manrique se habrían encontrado, "bombas molotov, máscaras antigás y propaganda en contra del Gobierno".

El oficial de la Guardia Nacional sostuvo además que "En el apartamento hemos encontrado guantes, máscaras antigás, computadoras y vamos a hacer las experticias correspondientes y elementos que son utilizados para propaganda en contra del gobierno legalmente constituido", sostuvo, y advirtió: "Aquí nadie es invulnerable, ni va a actuar con inmunidad. No puede ser que desde una morada estén atentando en contra de la vida de los funcionarios, cada vez que esto suceda vamos a intervenir".

Cinco manifestaciones contra la represión

El 23 de marzo de 2014 El Nacional reportó:

-Cinco marchas de la oposición se concentraron en la avenida Francisco de Miranda, a la altura de El Rosal, para rechazar la represión y la persecución del gobierno contra todo el que piensa distinto y por las detenciones de estudiantes, dirigentes y alcaldes.

El alcalde metropolitano Antonio Ledezma lamentó que "la cuchilla del gobierno amenace el pescuezo" de los alcaldes de oposición y exigió la libertad de Leopoldo López, los mandatarios (sic) de Táchira, Daniel Ceballos, y San Diego, Enzo Scarano.

Ledezma alertó:

-Maduro quiere convertir a Venezuela en una gran cárcel; pues, ¡échele bolas! La nueva Rotunda de Venezuela es la cárcel de Ramo Verde. Si quieres diálogo, libera ya a los estudiantes y alcaldes que están detenidos. Que se detenga la persecución. Si el gobierno nos ataca, se está metiendo con la unidad de todos los venezolanos.

El Nacional añadió:

-A la 1:45 de la tarde, como símbolo de rechazo a la persecución política, el dirigente de Voluntad Popular, Carlos Vecchio, abandonó la clandestinidad en la que se encontraba desde hace semanas y se subió a la tarima. Llevaba una franela blanca y lucía una barba de varios días. Su mensaje fue breve y se apoyó principalmente en el ejemplo de la lucha por la libertad de los héroes de la Independencia.

El entonces perseguido de la narcodictadura y después embajador de Venezuela del gobierno interino de Juan Guaidó en Estados Unidos, dijo en esa ocasión:

-Este momento difícil nos pone a prueba. Debemos buscar qué tenían en mente nuestros libertadores: rescatar la dignidad de un pueblo para vivir y morir libres en esta tierra.

Asimismo, lamentó que quienes gobiernan el país solo se preocupen por defender sus negocios en detrimento de la libertad de los ciudadanos y el bienestar de los más pobres.

-Hay que luchar –expresó- por la libertad de un pueblo que quiere superarse y salir de la pobreza. Esta lucha no es de pueblo contra pueblo, es de un pueblo que sufre frente a una cúpula corrupta que se aprovecha de él. Este pueblo va a vivir y morir libre en la tierra de Bolívar. Venezuela vale la pena. ¡Que Dios los bendiga, siempre en mi corazón!".

El Nacional reseñó igualmente que apenas terminó de hablar bajó por detrás de la tarima.

-Unos 30 hombres explicó- lo rodearon para protegerlo y corrieron hacia Campo Alegre. En segundos volvió a la clandestinidad.

En ese acto, Lilian Tintori, esposa de Leopoldo López, leyó una carta que escribió el dirigente en Ramo Verde, en la que exige a Nicolás Maduro que renuncie por el bienestar del país.

-Piensa –le recomendó al narcodictador- cómo salvarías a Venezuela si renuncias, le abrirías el camino pacífico a los venezolanos hacia una verdadera democracia".

De igual modo aseveró en la carta leída por su esposa "que si Maduro renuncia se puede emprender una lucha frontal contra la corrupción, tener un país soberano y una economía sólida".

En ese evento, el dirigente estudiantil Vilca Fernández celebró que todos los estados del país se movilizaran ayer para decirle a Maduro que no están dispuestos a soportar la dictadura.

-Tienen que liberar a Ceballos, -pidió- tienen que liberar a Scarano, tienen que liberar a Leopoldo y a todos los presos políticos. Los integrantes de la Junta Patriótica Estudiantil y Popular le aclaramos al gobierno que no vamos a abandonar la lucha hasta que recuperemos la democracia".

Por su parte, Janeth Frías, la madre de Bassil Da Costa, pidió a los jóvenes –en medio del llanto– seguir luchando por su hijo y por la libertad, "sin violencia", a lo cual Antonio Ledezma le respondió:

-Ese sufrimiento no es en vano, señora Janeth. A Bassil lo sembramos en tierra venezolana y va a florecer".

De igual forma pidió a los estudiantes mantener la lucha, porque a su juicio "Solo triunfarán los que asuman este combate con optimismo", y exclamó: "¡Vivan los estudiantes de Venezuela!".

About the Author

Nació en el caserío **Marabal**, hoy en día parroquia homónima del Municipio Mariño del **Estado Sucre, Venezuela**.

Es Licenciado en Periodismo, Trabajador Social, Investigador Cultural y Poeta.

Todo cuanto escribe, en prosa o verso, lo firma con sus dos apellidos, **Rodulfo González**.

Publica diariamente los Blogs: "Noticias de Nueva Esparta" y "Poemario de Eladio de Eladio Rodulfo González", Es miembro fundador del Colegio Nacional de Periodistas, Seccional Nueva Esparta. Pertenece a la Sociedad Venezolana de Arte Internacional.

En formato digital ha publicado los libros:

Poesía:

La Niña de Marabal
Poesía Política
Elegía a mi hermana Alcides
Cien Sonetillos
Mosaicos Líricos
Alegría y tristeza
Covacha de sueños
¡Cómo dueles, Venezuela!

Encuentros y desencuentros
Ofrenda lírica a Briceida
Antología de poemas comentados y destacados Partes I al IV
Guarumal
Brevedades líricas
Poemas disparatados

Investigación Cultural:
Dos localidades del Estado Sucre
El Municipio Marcano del Estado Nueva Esparta
Patrimonio Cultural Mariñense
Cristo en la devoción religiosa católica neoespartana
Festividades Patronales Mariñenses
La Quema de Judas en Venezuela
El Municipio Gómez del Estado Nueva Esparta
Festividades patronales del Municipio Antolín del Campo
La Virgen María en la devoción religiosa de Margarita y Coche
Festividades patronales del Municipio García del Estado Nueva Esparta, Venezuela
Festividades patronales del Estado Nueva Esparta
Nuestra Señora de Los Ángeles, patrona de Los Millanes
La Quema del Año Viejo en América Latina
La Quema de Judas en Venezuela, 2013-2014
La Quema de Judas en Venezuela 2015
Grandes compositores del bolero
Grandes intérpretes del bolero

Investigación Periodística:
Textos Periodísticos Escogidos 1 y 2
La libertad de prensa en Venezuela
Cuatro periodistas margariteños
La historia de Acción Democrática en tres reportajes periodísticos
La Hemeroteca Loca Tomos 1 al 7

La guerra del dictador Hugo Chávez contra comunicadores sociales y medios desde 2004 hasta 2012

La guerra del dictador Nicolás Maduro contra comunicadores sociales y medios desde 2013 hasta 2018

Catorce años de periodismo margariteño

Gobernadores contemporáneos del Estado Nueva Esparta.

Entre sus publicaciones en papel se cuentan

Poesía:

Ofrenda Lírica a Briceida

Marabal de Mis Amores

La Niña de Marabal

Elegía a mi Hermana Alcides

Trípticos literarios A Briceida en Australia, Colorido, Elevación, Divagaciones y Nostalgias

Mis mejores Versos en Prosa

Incógnita

Mis mejores poemas en prosa

Añoranzas y otros poemas escogidos

Mosaicos Líricos

Entre Sueños, Cuitas a la Amada

¡Cómo dueles, Venezuela!

Noche y otros poemas breves

Poemas Políticos escogidos

Sonetillos Escogidos

Alegría y Tristeza

Covacha de Sueños

Incógnita

Investigación Cultural:

El Gallo en el Arte, la Literatura y la Cultura Popular

Pelea de Gallos, Patrimonio Cultural Mariñense

Festividades Patronales Mariñenses

Festividades Navideñas
Manifestaciones Culturales Populares de la Isla de Coche
Manifestaciones Culturales Populares del Municipio Gómez
Manifestaciones Culturales Populares del Municipio Marcano
Dos Localidades del Estado Sucre
Nuestra Señora de los Ángeles patrona de Los Millanes
El Bolero en América Latina
Historia de los Primeros Periódicos de América Latina
La Quema de Judas en Venezuela 2013-2014
La Quema del Año Viejo en algunos países de Latinoamérica
Festividades Patronales del Estado Nueva Esparta
Grandes Intérpretes del Bolero
Nuestra Señora de los Ángeles patrona de Los Millanes

Investigación Periodística:

La Desaparición de Menores en Venezuela
Problemas Alimentarios del Menor Venezolano
Niños Maltratados
Háblame de Pedro Luis
Siempre Narváez
Estado Nueva Esparta:1990-1994
Caracas sí es gobernable
Carlos Mata: Luchador Social
Así se transformó Margarita
Margarita y sus personajes (cinco volúmenes)
Vida y Obra de Jesús Manuel Subero
La Mujer Margariteña
Breviario Neoespartano
Margarita Moderna
Cuatro Periodistas Margariteños
Morel: Política y Gobierno
Francisco Lárez Granado El Poeta del Mar
El Padre Gabriel

La guerra del dictador Hugo Chávez contra comunicadores sociales y medios desde 2004 hasta 2012

La guerra del dictador Nicolás Maduro contra comunicadores sociales y medios desde 2013 hasta 2018

La Hemeroteca Loca Tomos 1 al 7

Los Ojos Apagados de Rufo

El Asesinato de Oscar Pérez

Gobernadores contemporáneos del Estado Nueva Esparta

Imprenta y Periodismo en Costa Rica

Rómulo Betancourt: más de medio siglo de historia

Chávez no fue Bolivariano

El asesinato de Fernando Albán

El Asesinato del Capitán de Corbeta Acosta Arévalo

Morir en Socialismo Tomos I, II, III, IV y V

Los Indígenas en el Socialismo del Siglo XXI

La Corrupción en el Socialismo del Siglo XXI Tomo I, II, III

La Barbarie Represiva de la narcodictadura de Nicolás Maduro, Tomos I al V

En formato CD ha publicados los libros Publicaciones en CD. La Libertad de Prensa en Latinoamérica y otros textos, Festividades Patronales Mariñenses, Elegía a mi Hermana Alcides, La Niña de El Samán, Marabal de Mis Amores, Festividades Patronales del Municipio Villalba y Festividades Patronales del Municipio Antolín del Campo.

You can connect with me on:

- https://cicune.org
- https://twitter.com/mauritoydaniel
- https://www.facebook.com/cicune
- https://amazon.com/author/rodulfogonzalez
- http://bit.ly/3XDrZ9V
- https://apple.co/3GTcOT8
- http://bit.ly/3HdAB1z
- http://bit.ly/3IVVuQc

Subscribe to my newsletter:

- https://cicune.org/contact

Also by Rodulfo Gonzalez

Los Ojos apagados de Rufo

http://bit.ly/3IVVuQc

En la tarde del trágico 1 de julio de 2019 el adolescente Rufo Chacón Parada, en compañía de su madre, un hermano y vecinos de la localidad de Táriba, Estado Táchira, manifestaba pacíficamente para que el régimen le suministrara el gas que se requería para cocinar los alimentos, con las únicas armas de su voz y la bombona vacía, que los funcionarios de la Policía del Estado Táchira consideraron letales y por lo tanto procedieron a agredirlo a quemarropa sobre su rostro con 52 disparos de perdigones privándolo de la visión.

www.ingramcontent.com/pod-product-compliance
Lightning Source LLC
LaVergne TN
LVHW012003220826
846092LV00001B/230

9798869141040